Berthold Burkhardt

Via Jacobi & Via Francigena

Auf Pilgerwegen nach Rom

– Tagebuchnotizen –

Impressum

Fotos: Berthold Burkhardt
Layout: Hans-Jörg Bahmüller
Umschlag: Usha Rasch
(www.usharasch.de)

Berthold Burkhardt
Wacholderhof 10
D-71540 Murrhardt
E-Mail: bertl.burkhardt@gmx.de

Druck: SDV Direct World GmbH Dresden
1. Auflage April 2008

ISBN 978-3-9812350-0-5

Pilgern?

Pilgern ist in Mode gekommen. Aber darum bin ich nicht auf Pilgerwegen unterwegs. Als ich vor sechs Jahren nach Santiago aufbrach, war ich zumindest in der ersten Woche eher ein Fernweg-Wanderer denn ein Pilger. Zum Pilger wurde ich unterwegs.

Als ich diesmal aufbrach, war ich Pilger vom ersten Tag an.

Pilger wollen nicht nur unterwegs sein. Sie haben ein Ziel, oft ein sehr fernes, meist einen Ort, an dem sich Botschaften ihres Glaubens, die Geschichte ihrer Religionsgemeinschaft manifestieren, an denen Kräfte spürbar werden können, die von den Glaubenszeugnissen der Menschen ausgehen, die dort einst gewirkt haben.

Weg und Ziel widersprechen sich nicht. Dass der Weg das Ziel sei, ist nur die halbe Wahrheit, jedenfalls für mich. Ich möchte auch ankommen. Natürlich erlebe ich unterwegs auch viel. Deshalb schreibe ich auch Tagebuch, weil ich das unterwegs Erlebte festhalten, behalten will. Deshalb ist auch der Weg wichtig – und meine Art der Fortbewegung.

Ich will nicht schnell sein. Deshalb setze ich jeden Tag rund 30 tausend Mal Fuß vor Fuß. Ich liebe die Langsamkeit. Sie erhöht die Intensität des Erlebens einer Landschaft. Sie lässt mir Zeit, auch mal lange in einer Kirche zu sitzen und einfach still zu sein. Langsam kann ich die Nähe zur Landschaft, zu den Städten und Dörfern und den Menschen, die drin wohnen, intensiv erleben. Ich kann in Ruhe schauen und beobachten.

Als Fußpilger muss ich einfach leben. Ich kann nur so viel mitnehmen, wie ich tragen kann, ohne zu leiden. Das ist nicht viel. Ich lernte Ballast abzuwerfen und staunen, mit wie wenig ich auskommen kann. Ich lernte auch schnell, auf bescheidenem Niveau für mein Essen zu sorgen und in einfachsten Quartieren selig zu schlafen. Und das, was ich dabei habe, teile ich dann gern unterwegs mit anderen Pilgern, deren Freundschaft oder Kameradschaft ich am Weg erleben konnte.

Ich liebe es, allein zu gehen – und sei es nur 100 Meter hinter dem Menschen, der vor mir den gleichen Weg geht. Das ist ein gewollter Kontrast zu meinem Alltag. Mein Leben spielte sich weitgehend in Gemeinschaften ab, sei es in der Familie, in den Jugendgruppen, die ich leitete, oder in der Lebensgemeinschaft auf dem Wacholderhof. In der Einsamkeit der langen Pilgerwege werden meine Gedanken frei, lernen zu laufen, kreuz und quer und manchmal auf ein Ziel hin.

Am Weg gibt es auch Gemeinschaft. Die Menschen, die mit auf dem Weg sind, sind fast immer zu einem Gespräch bereit, das oft auch in die Tiefen des Glaubens führt, Schicksale offenbart, und meist sehr offen geführt wird. Das ist schön. Und Geselligkeit gibt es auch, wenn man abends in der Unterkunft gemeinsam kocht und isst oder von Gastgebern bewirtet und befragt wird. Dort, wo die Wege nicht überlaufen sind und das Pilgern nicht kommerzialisiert ist, ist auch die Gastfreundschaft der Kirchengemeinden, der Klöster, aber auch von Privatleuten meist überwältigend. Und das ist besonders schön.

Murrhardt, an Dreikönig 2008, Berthold Burkhardt

Vorspruch

Ich brauche so einen Ort wie die Wüste
wo sich meine Blicke nicht
in den Kulissen des Alltags verfangen,
sondern frei in die Weite der
Möglichkeiten schweifen.

Wo meine Gedanken nicht im Netz
der Alltäglichkeiten zappeln,
sondern von dem langen Atem
in Gottes Schöpfung durchströmt werden.

Wo meine Sehnsucht nicht im
Überfluss untergeht,
sondern zum Wesentlichen
meines Lebens findet

Wo der Horizont so weit ist,
dass ich Gottes Größe ahnen kann.

(Stefan Krebs)

Mittwoch, 15. August 2007, Eberhardsweiler

Dieser Text, den mir Martin Stierand von der katholischen Gemeinde auf den Weg mitgab, beschreibt ganz gut meine Beweggründe, die mich wieder auf einen langen Pilgerweg gebracht haben. Ich muss immer mal wieder Abstand zu meinem Alltag haben, muss ungestört meine Gedanken laufen lassen können, brauche die Stille der langen Wanderungen durch Wälder und über die Berge.

Trotzdem war der Abschied heute Morgen sehr schwer. Nicht nur Maria war den Tränen nahe. Und dann war da auch noch eine Fotografin der Backnanger und Murrhardter Zeitung dabei, in denen ich im Abstand von zwei bis drei Wochen über meine Erfahrungen und Begegnungen berichten will. Die ganze Hofgruppe hat mich zum Waldrand unterhalb des Wacholderhofes begleitet. Dörte ist sogar bis Murrhardt mit mir durch das Trauzenbachtal gelaufen. In Murrhardt habe ich im Naturparkzentrum meinen ersten Stempel in den Pilgerpass drücken lassen.

Von Bekannten, denen ich auf dem Weg durch die Stadt begegnete, bekam ich noch reichlich gute Wünsche mit auf den Weg. Und dann begann der heftige Aufstieg auf den Riesberg durch das Felsenmeer. Ich bin den Weg ja früher schon gewandert, aber an einem sehr schwülen Sommertag und mit zehn Kilo Gepäck auf dem Rücken ist das doch deutlich mühsamer. Ich musste oft tief schnaufend stehen bleiben. Auf der Höhe im Wald brauchte ich erstmals Karte und Kompass, weil Wegmarkierungen fehlten. Vor Käsbach kamen mir zwei Spaziergänger entgegen, die mich fragten, wohin ich wandere. Ich sagte: „Nach Rom.“ – „Nach Rom?“ fragten sie. Sie staunten heftig und sagten schließlich: „Grüßen sie unseren Papst!“ „Ach“ sagte ich „wegen dem Papst laufe ich eigentlich nicht nach Rom, aber neulich hat mir geträumt, er hätte mich zum Kaffee eingeladen. Wir haben uns auch gut unterhalten. Ich habe herzlich gelacht, als ich morgens auf der Bettkante saß und mir mein Traum wieder einfiel. Aber der entstand wohl aus den vielen Fragen aus dem Bekannten- und Freundeskreis: Was, du willst zum Papst? Oder: Besuchst du auch den Papst?“

Wenn ich je Rom erreiche, will ich in den Petersdom, zu den Apostelgräbern und in die Katakomben. Aber Rom wird mir noch viel mehr zu bieten haben. Aus meinem mehr als ein halbes Jahrhundert zurückliegenden Lateinunterricht ist noch einiges in den Tiefen meines Gedächtnisses gespeichert.

Auf den Höhen bei Käsbach kühlte mir ein sanfter Wind den Schweiß und ich fragte mich, ob es wirklich nötig sein wird, dass ich Luftmatratze und Biwaksack mit schleppe.

„Nimm dein Bett und wandle“ sagte Jesus zu dem von seiner Lähmung Geheilten. Nun wandle ich eben auch mit meinem Bett. Mehrmals erholte und erfrischte ich mich an den Brunnen am Wege, schon vor dem Felsenmeer, dann in Käsbach und später am Weg zum Ebnisee. Nach Käsbach führte der Weg mal als schmaler, höchst rutschiger Pfad steil abwärts. Mein Stockschirm war eine große Hilfe. In Hinterwestermurr bat ich im dörflichen kleinen Freibad um Trinkwasser. Da war alles zugedreht, aber der Mann der den Rasen pflegte, begleitete mich ins Dorf und gab mir Mineralwasser. Der Weg zum Ebnisee war nicht mehr so anstrengend, mehr ebene Strecken als An- und Abstiege: Und der Weg durch das Wieslauftal war bequem und meist schattig. Der Aufstieg aus dem Tal auf die Felder vor Welzheim war dann wieder heftig und schweißtreibend. An einer Reithalle bat ich um Trinkwasser und sah den voltigierenden Kindern zu. Im Schatten eines großen Ahorns stand eine breite Bank. Da legte ich mich flach, legte die Beine hoch und döste vor mich hin. Ich war gut in der Zeit. Am See hatte ich auch eine halbe Stunde gerastet. Kurz vorher waren mir Bekannte aus Murrhardt entgegen gekommen: das Ehepaar Doderer. Wir haben kurz miteinander geredet. Sie waren beim Baden und ich habe mich auch mühsam zurückhalten können, auch kurz ins Wasser zu steigen. Aber ich darf mitten am Tag nicht die Haut der Füße aufweichen. Sonst gibt's Blasen. Nun sitze ich im Biolandhof Vogel auf dem Balkon des Wohnhauses, habe schon kalt geduscht, meine Sachen trocknen und ich hatte schon ein Bier. Unterwegs habe ich meine Brote verzehrt und ab und zu am Wegrand geerntet: Zwetschgen, Maiskölbchen, Beeren.

Ich habe die ersten 30 Kilometer tatsächlich gut und zügig geschafft. Kurz nach 16.00 Uhr war ich hier trotz einiger Pausen. Mal sehen, wie es morgen wird. Es soll nicht mehr so heiß werden, sagte der Wetterbericht, und etwas regnerischer. Die Vogels sind voll unter Erntestress. Bei denen wird's dunkel werden, ehe sie Feierabend haben.

Donnerstag, 16. August 2007, Schwäbisch Gmünd

Und so war's dann auch. Ich legte mich kurz auf das Sofa im Wohnzimmer, um etwas zu entspannen und muss sofort eingeschlafen sein. Zum Glück wurde ich nochmals wach, konnte mit der Familie spät noch ein wenig am Tisch sitzen, reden und ein, zwei Brote essen. Ich wollte früh raus, bin wohl aufgewacht, als es hell wurde, aber beim Gedanken ans Aufstehen muss ich gleich wieder eingeschlafen sein. So pendelte ich einige male hin und her, bis ich kurz vor acht wirklich wach wurde. Der Rucksack war wieder zu voll, obwohl ich weniger drin hatte als gestern. Aber das rüttelt sich beim Gehen zusammen. Um 9.oo Uhr kam ich weg. Der Himmel war trüb, die Wege feucht. Es hatte geregnet und die Vogels haben es geschafft, die ganze Getreideernte rechtzeitig unter Dach zu bringen. Sie waren richtig erleichtert.

Erst führte der Weg um ein Segelfluggelände herum, dann hinab zur Meuschenmühle. Dort, nach der Mühle mit ihrem gewaltigen Mühlrad, begrüßten mich schnatternde Gänse und die Bäuerin ließ gerade ihre Hühner ins Freie, die sich sofort auf den Misthaufen stürzten: ein schönes, ländliches Bild. Heute bin ich viel zu viel Asphalt gegangen. Auch die Feldwege, nicht nur die kleinen Landstraßen, waren alle asphaltiert. Erst am Rande des Naturschutzgebietes Leintal endete der Asphalt. Vom schwankenden Steg über den Bach Lein konnte ich Forellen beobachten. Schön war heute die Stille in den Wäldern. Mir ist kaum jemand begegnet - mal zwei Wanderer. Selbst in den schönen gepflegten Dörfern war kaum mal jemand zu sehen. Aus dem Leintal führte ein steiler Pfad nach oben, auf dem die Oberflächenwurzeln der Fichten die Stufen bildeten. In Alfdorf rastete ich zum ersten Mal länger, besuchte die majestätische Dorfkirche mit Schlosspark dahinter. Dort fand ich am Wandgemälde hinter Altar und Kanzel die Darstellung eines Mannes, der gut ein Pilger sein könnte. Dann ging es mal wieder steil runter ins Tal, das Haselbachtal. Ich frage mich, warum die Täler immer quer zu meinem Weg liegen, so dass ich immer den einen Hang runter und den anderen wieder rauf muss. Mir fiel da Eulenspiegel ein. Der soll bergabwärts immer geweint haben, weil er ahnte, dass er auf der anderen Seite wieder rauf müsste. Gut, gestern an der Wieslauf und heute am Haselbach durfte ich auch mal eine halbe Stunde im Tal bleiben. Aber dann ging es wieder steil rauf und zwar heftig bis zur Waldau. Und dort stand gegenüber von einem protzigen Landhaus eine kleine, alte Kapelle – leider verschlossen. Durchs Taubental kam ich nach Gmünd, war schon um 14.3o Uhr in der Altstadt, besichtigte das Münster, schlenderte – soweit das mit Rucksack möglich ist – über den Marktplatz, genehmigte mir eine Brezel und ein Bier und machte mich mit einem Stadtplan aus dem I-Punkt auf den Weg nach Oberbettringen. Und auf diesem Weg in die Vorstadt brauchte ich dann erstmals meinen Schirm. Aber es regnete wenig und jetzt scheint wieder die Sonne. Ich fand das Haus der Familie Feifel problemlos und wurde so herzlich begrüßt, dass ich zu Hanna sagte: „So möchte ich noch öfter empfangen werden.“ Nun habe ich schon geduscht, erstmals Wäsche gewaschen und aus der Küche duftet es nach Abendessen. Ich habe mich heute wieder vom Wegrand ernährt. Es gibt so viel Obst, das einfach auf die Wege fällt und zertreten wird. Ich ernte dann aber schon auch einmal ein paar Früchte vom Baum und das Habhafte, das ich ja auch brauche liefert mir mein Vorrat an Studentenfutter.

Heute morgen habe ich der Gerda einen der Segenssprüche gegeben aus dem Buch, das Maria mir mitgab und der, der davon am besten zu meiner Reise passt, soll nun hier stehen:

Schutzengel
Die Straße komme dir
entgegen
Der Wind stärke dir
den Rücken
Die Sonne scheine warm
auf dein Gesicht
Der Regen falle sanft
Auf deine Felder
Und bis wir uns wieder sehen
Berge dich Gott in der
Tiefe seiner Hand.

Freitag, 17. August 2007 Heidhöfe/Böhmenkirch

Am Morgen bin ich zeitig aufgewacht. Der kleine Linus, von dem seine Eltern sagen, er schlafe nicht gerne, hat mich kurz nach 6.00 Uhr geweckt. Mit Hanna habe ich reichlich Müsli gefrühstückt. Sie hat mir auch noch Brote gerichtet und harte Eier mitgegeben. Auf Straße und Radwegen kam ich nach Bargau und dort traf ich dann endlich auf den

Jakobsweg

bei der Jakobuskirche. Ich war einige Zeit still in der Kirche, habe mir an der großen Muschel im Friedhof meinen Pass gestempelt. Im Gästebuch bin ich auf das mir seit meiner Fußreise nach Santiago bekannte Bildchen von Karl Hägele aus Ellwangen gestoßen. Ich habe mein Sieger-Köder-Kärtchen dazu geklebt.

Dieses schöne Pilgerbild von Sieger Köder findet sich in der Bargauer Kirche

Beim Stempeln sprach mich eine Frau an, bestimmt auch schon im Rentenalter: „Sie gehen auf dem Jakobsweg?“ „Ja.“ „Wie weit?“ Ich erkläre es ihr. „Und das machen Sie allein?“ „Ja.“ „Haben Sie keine Angst?“ „Wovor denn?“ „Dass Sie überfallen werden.“ „Nein, ich denke von allen Menschen erst mal dass sie gut sind.“

Aber damit löse ich ihren Protest aus.

„Ich bin leider auch allein“, sagt sie. „Mein Mann ist gestorben und meine Mama liegt auch hier.“ „Wenn Sie allein sind“, sage ich, „dann müssen Sie halt Menschen zu sich einladen, dann sind Sie bald nicht mehr allein. Dann müssen Sie sich öffnen.“ „Ach, ich habe mit meinem Mann immer allein gelebt. Aber jetzt ist es schwer.“ Sie weint fast und gibt mir zum Abschied die Hand. „Alles Gute!“ – Ich glaube, das Gespräch war fast so etwas wie Seelsorge.

Hinter Bargau kommt man in eine Landschaft, die den schönen Namen „Himmelreich“ trägt. Und da hinauf führt ein schmaler, steiler Weg, ein mühsamer Pfad. Hier ist mir vor Jahren schon mal das Bild vor Augen gestanden, das einst in vielen pietistischen Häusern hing mit dem schmalen, steilen Pfad in den Himmel und dem breiten Weg abwärts ins Verderben. Nun gibt es auch hier eine Möglichkeit, auf einem breiteren, asphaltierten Fahrweg die gleiche Höhe zu erreichen. Nach einigem Zögern habe ich mich dafür entschieden. Und das war auch gut so.

Ein letzter Blick auf die Kaiserberge am nördlichen Rand der Schwäbischen Alb

Unterwegs habe ich die Hosenbeine verkürzt und am Beurener Kreuz eine Rast gemacht und von Hannas Eiern und Broten gegessen. Schön war heute, dass die Luft wieder so voller verschiedener Düfte war. Am Wegrand blühten Minzen und Thymian, die ich manchmal zwischen den Fingern zerrieb und daran roch. Gewandert bin ich heute in ungewohnter Leichtigkeit, manchmal so als wäre zwischen meinen Sohlen und der Erde ein Zentimeter Luft. Ich glaube, die Schwermut des Abschieds fällt allmählich von mir ab, verlässt auch meinen Körper.

Nach dem Bargauer Kreuz traf ich auf ein wanderndes Paar, wohl nicht viel jünger als ich. Die Frau sprach mich auf die Muschel und den Jakobsweg an und ich zeigte ihr den Muschelstern am Rucksack. Die beiden fragten dann, warum hier der Jakobsweg mit einem anderen Muschelsymbol markiert sei. Ich verwies auf die fränkische Jakobusgesellschaft und dass hier der Albverein markiere. „Und dafür sind wir unterwegs“, sagte der Mann. Ich hatte einen der Wegewarte des Albvereins vor mir, der dabei war, den Hauptwanderweg Nr. 1 abzugehen, weil er zertifiziert werden soll.

Wenig später stieß ich auf einen schönen alten Grenzstein von 1710 mit drei Seiten, der drei Markungen voneinander abgrenzte und danach überschritt ich auf einem alten Grenzweg mit Steinen aus dem Jahr 1618 die höchste Stelle des Jakobsweges zwischen Würzburg und dem Bodensee. Das war also mein erster Pass (776m) auf dieser Reise. Höher wird’s vorläufig nimmer. Schön waren wieder die großen weiten Mischwälder auf der Alb, vorwiegend aus Buchen, aber auch mit einigen Fichten und Tannen. Auf der Hochfläche der Alb fällt einem das Gehen leichter und so war ich wieder viel zu früh am Ziel, fand aufgrund meines fotografischen Gedächtnisses auch das Haus der Familie Elser und wurde herzlich begrüßt. Wir hatten schon ein langes Gespräch bei Kräutertee aus dem Garten und wir konnten über das Imkern fachsimpeln. Zwei Behinderte leben mit in der Familie und im Zimmer der Dritten, das gerade leer steht, darf ich nächtigen.

Draußen regnet es jetzt, doch den ganzen Tag über war es trocken, der Himmel immer etwas bewölkt und die Temperaturen mäßig. Es war ein angenehmes Gehen und der Aufstieg zum Himmelreich, vor dem ich mich etwas gefürchtet hatte, war leichter als gedacht. Mein breiter Weg, der mich am Himmelreich vorbei führte, war dann doch noch ein Symbol für das Leben. Ich hätte ja kurz vor der Höhe noch die Kurve kriegen können, um durchs Himmelreich zu kommen. Ich hätte halt nur abbiegen müssen, als es noch Zeit war. Die Wege dazu gab es. So ist das!

Samstag/Sonntag, 18./19. August, Suppingen

Jetzt ist früher Sonntagmorgen. Ich sitze bei Frieder am Küchentisch. Vorhin habe ich das Sechs-Uhr-Läuten gehört. Gestern konnte ich kein Tagebuch mehr schreiben. Erst war ich viel zu müde und nachher war es zu spät. Aber der Reihe nach: Um 8.30 Uhr kam ich an den Heidhöfen weg, wurde herzlich verabschiedet. Die Familie fuhr am Mittag dann auch in Urlaub. Über die Patrizius-Kapelle kam ich nach Böhmenkirch. Die Wiesen rechts und links vom Weg waren sehr nass vom Tau. Rund um Böhmenkirch gibt es viele Windräder. Einmal habe ich per Rundblick 22 Stück gezählt. Unter etlichen bin ich durch gegangen, manche standen still, andere rauschten sanft im Morgenwind. Ab und zu hörte ich in der Stille der Wälder und Felder den ziehenden Ruf eines Bussards. In Gussenstadt kam ich beim Kauf von Brötchen ins Gespräch mit zwei alten Frauen. Sie sagten mir, sie seien 77 und 83 Jahre alt. Sie saßen vorm Haus und hielten ein Schwätzchen. „Wir wollen nicht mehr nach Santiago oder Rom. Wir müssen höher hinauf“ und eine zeigte zum Himmel.

Der Weg über die Alb-Hochfläche war eigentlich nicht schwer. Ich bin auch nicht den markierten Weg komplett gegangen und habe abgekürzt, wo es wilde Zacken auf der Karte gab, einmal sogar recht unwegsam. Aber ich musste viel Asphalt gehen. Die Feldwege sind fast alle asphaltiert und die Waldwege hart und scharf geschottert.

Auf der sanft gewellten Hochfläche der Alb fällt das Wandern leicht

Nach Gussenstadt machte ich Mittagsrast und vor Ettlenschieß ließ ich mich dazu verleiten, an einem Festzelt ein Bier zu trinken. Das hätte ich nicht tun sollen. Die Beine wurden mir schwer und nach Lonsee habe ich mich geradezu reingeschleppt. Unterwegs fand ich noch Pilze – schöne Parasol – und habe sie eingesammelt für Katrin, die mich ja in Lonsee abholen wird.

In Lonsee habe ich mich vor der Kirche auf den Rasen gelegt, vorher Katrin angerufen und gewartet. Sie kam bald, hinter ihrem Haus bestimmte ich noch einige Champignons und lief die wenigen Meter zu Frieder. Da brach meine Erschöpfung voll durch. Ich begann zu frieren und zu zittern und begrüßte Frieder mit den Worten: „Ich brauche als erstes eine heiße Dusche." Das half dann auch. Wir gingen zusammen essen. Ich bestellte eine heiße Suppe und fühlte mich wieder gut. Wir haben danach noch zusammen gesessen, einen Lemberger getrunken und hatten einen guten Tagesausklang.

Sonntag, 19. August 2007, Ulm-Wiblingen

Gestern Abend schon gab mir Katrin den Schlüssel zu ihrem Auto. „Fahr an den Jakobsweg zurück, stell das Auto ab und ich komme später mit dem Fahrrad und hole es." So haben wir es gemacht. Ich fuhr nach einem herzlichen Abschied von Frieder nach Scharenstetten, stellte das Auto an der Kirche ab, versteckte den Schlüssel und besuchte die Kirche. Der Pfarrer saß meditierend in der ersten Reihe. Bald würde der Gottesdienst beginnen. Den wollte ich aber nicht abwarten, sondern zog weiter. Mir kamen die Leute auf dem Weg zur Kirche entgegen. Alle kannten den Jakobsweg, wiesen mich auf die Muschelmarkierung hin. Später traf ich sogar auf einen Jakobsweg-Lehrpfad vor Temmenhausen. Es liegen Welten zwischen meinem Weg vor sechs Jahren den Neckar aufwärts und über den Schwarzwald. Damals traf ich kaum auf Leute, die was vom Jakobsweg wussten, heute weiß es jeder. Ein Bauer, der – oh Wunder – mit der Heugabel auf seinem Getreideacker das Stroh auflockerte, kam an den Feldrand und unterhielt sich mit mir über den Weg und fachsimpelte mit mir über die Getreideernte und Bewirtschaftungsformen.

Manchmal hatte ich heute trostlose Pisten über die flurbereinigten Felder der Alb und entlang der Autobahn. Früher sind die Pilger ja wohl immer an den großen Handelswegen oder den Heerstraßen entlang gegangen, manche Wege sind wohl auch durch die Pilger erst entstanden. So war der Weg entlang der Autobahn ja nicht ganz abseitig für heutige Pilger. Aber die Landschaft wurde auch wieder schöner, besonders als es durch ein schönes Tal ging, das aber keinen Bach und keine Quelle hatte. Dafür sah man ab und zu Stellen, an denen das Regenwasser im Boden verschwand. Der Boden unter meinem Weg muss voller Höhlen, unterirdischen Wasserläufen und löchrig wie ein Schweizer Käse sein.

Silberdisteln auf der Wacholderheide

Schön waren in diesem Tal die vielen Blumen: herrliche Silbersdisteln, Wegwarten und Schafgarben, verschiedene Glockenblumen, Thymian, Flockenblumen, Storchschnäbeln und vielen anderen. An einer Silberdistel saßen fünf Bienen gleichzeitig, einige mit weiß-grauen Pollenhöschen. Vor Mähringen begann ich ein Gespräch mit einem Bauern, der gerade eine Ballenpresse für die Strohbergung reparierte. Das hätte ich nicht tun sollen. Der überschüttete mich mit Erzählungen über seine Gerichtshändel mit der Stadtverwaltung von Ulm, dass ich mich kaum lösen konnte. Vor Ulm machte ich dann eine interessante Beobachtung. Es gab zwar mehr Leute, die mir begegneten, aber immer weniger, die mich grüßten. Dafür nahm die Zahl der Hundehäufchen am Weg deutlich zu. Auf dem Land hat fast jeder gegrüßt oder mit mir gesprochen. In

Ulm kamen nur einmal drei junge Leute auf mich zu, die mich wieder auf den richtigen Pilgerweg zurück bringen wollten. Aber ich wollte ja nach Wiblingen, um bei der Familie Dück zu übernachten.

Der erste Blick auf das Ulmer Münster vom Eselsberg, dem schwäbischen „Monte del Gozo“

Vorher war ich noch im Münster, das mich schon von der Höhe des Eselsbergs gegrüßt hatte. Erich Baierl nennt in seiner Wegbeschreibung den Eselsberg den „schwäbischen Monte del Gozo“, den Berg der Freude. Am galizischen „Berg der Freude“ sollen früher die Pilger beim Anblick der Türme der Kathedrale von Santiago Freudentränen vergossen haben. Mir kamen dort vor Jahren auch fast die Tränen, aber nur weil das Denkmal dort, das an die Pilgerreise von Papst Johannes Paul II. erinnert, so abgrundtief hässlich ist.

Der Weg vom Münster nach Wiblingen hat sich dann noch hingezogen und ich kam erst um 18.00 Uhr dort an. Aber die Begrüßung war herzlich, ich durfte gleich duschen und nach einem guten warmen Abendessen haben wir noch lange zusammen gesessen und uns gegenseitig erzählt. Das war richtig gut.

Montag, 20. August 2007, Cursillo-Haus St. Jakobus, Oberdischingen

Viel gibt es nicht zu erzählen. Wir hatten noch ein gutes gemeinsames Frühstück, ehe Pfarrer Dück zu einer Besprechung musste, um vor seinem Urlaub die Geschäfte an die Kollegen zu übergeben. Er fährt mit seiner Frau heute in Urlaub.

Ich war noch in der Versöhnungskirche und in der Basilika des Klosters Wiblingen. Die ist sehr barock. Mit diesem überladenem Stil kann ich einfach nichts anfangen. Das sind kunstvolle Malereien aber eben immer die gleichem Motive: Schwebende Engel, Männer mit Bärten und wallenden Gewändern, wuchtige Mariendarstellungen, Kreuzigungsszenen. Und eben viel Gold. Das war wenig später in Erbach auch wieder so. Aber erst suchte ich mir meinen Weg aus Wiblingen heraus, über die Donau mit Altarmen und einem Naturschutzgebiet und danach durch Fabrikanlagen. Die fielen aber gar nicht so sehr auf, weil es dazwischen viel Grün gab. Grimmelfingen hatte eine schöne kleine Kirche, die sogar offen war – nicht wie im Führer angegeben – eine evangelische Jakobskirche, wo es im Vorraum sogar einen Stempel gab.

Die Landschaft war ziemlich öde: Weite Felder, gerade, harte Wege. Wichtig war das Schloss von Erbach mit seinen blau-weiß-roten Fensterläden. Vor der Kirche machte ich Mittagsrast, aber den im Führer erwähnten Brunnen mit Trinkwasser gab es nicht – abgestellt, tot. Unterwegs wurde ich von einem Radpilger überholt, der am

Samstag in Nürnberg gestartet ist, in Ulm übernachtet hatte und heute bis Meersburg wollte. Wir haben uns kurz unterhalten, danach fuhr er an einer Abzweigung vorbei, kam zurück und überholte mich ein zweites Mal. Unterwegs gab es auch mal gelbe Pfeile. Dies und die trostlosen weiten Felder mit den geraden Pisten dazwischen erinnerten geradezu an die spanische Meseta.

In der klassizistischen Kirche von Oberdischingen saß ich wohl eine halbe Stunde, bemerkte danach, dass ich meinen Hut verloren hatte, musste aber nur wenige 100 m zurück, um ihn am Straßenrand zu finden. Zum Cursillo-Haus musste ich mich durchfragen, war heute hier der erste Pilger. Doch inzwischen sind weitere eingetroffen. Nachher gibt's ein kaltes Abendbrot. Also heute mal nichts Warmes.

Dienstag, 21. August 2007, Biberach

Die Pilger, die gestern noch ankamen, lernte ich so nach und nach kennen: Beim Abendbrot Rose und Anna, Mutter und Tochter; später, als ich eine alte Zeitung für meine Schuhe holte, einen der drei jungen Männer, die auf Iso-Matten in einem der Aufenthaltsräume kostenlos schlafen durften. Die drei sind Diakonenschüler aus Rummelsberg nach dem ersten Ausbildungsjahr. Beim Frühstück kamen dann noch zwei Frauen dazu, auch Mutter und Tochter. Rose und Anna, die sich gestern ständig verlaufen hatten, versprach ich beim Weggehen, dass ich ihnen an kritischen Stellen Waldläuferzeichen legen würde. Die beiden haben übrigens ihre Tour von Ulm nach Meersburg über ein Reisebüro gebucht, haben pauschal bezahlt, bekommen das Gepäck transportiert, doch laufen müssen sie selber. Allerdings müssen sie auch das Tagesziel erreichen. Vor dem Frühstück saß ich noch eine Weile in dem wunderschönen Meditations-/Andachtsraum, habe in meinem französischen Matthäus-Evangelium gelesen und habe einfach die Stille genossen. Um 8.30 Uhr kam ich weg.

Nach kurzer Zeit merkte ich, dass ich vergessen hatte, meine Wasserflaschen nachzufüllen. Da kam es mir gerade recht, dass an der dörflichen Kläranlage gerade der Wärter zugange war. Bei ihm zapfte ich Trinkwasser.

Nach Ersingen sah ich auf einem abgeernteten Getreidefeld eine große Schar Wildgänse, ich schätzte über 150 Stück und machte Fotos. In Rißtissen besuchte ich die Kirche und sah das Schloss der Grafen Stauffenberg, Widerständler im 2. Weltkrieg. Da lohnt sich ja auch eine Gedenkminute.

Es ging immer an der Straße entlang, zeitweise sogar ohne Radweg. In Untersulmetingen besuchte ich die Niederkirch und danach die Schlosskirche. Beim Bäcker leistete ich mir eine Schokolade und ein Paar Landjäger. Eine Brezel bekam ich als Pilger geschenkt! Plötzlich waren Anna und Rose und die drei Diakone auch im Laden. Wir tranken alle noch Kaffee, aßen unsere Brezeln und gingen gemeinsam weiter. Aber schon am Ortsende blieben zwei von den Jungs zurück. Der eine hatte einen allergischen Fieberschub. Die zwei fuhren mit dem Bus nach Biberach voraus. Mit mir gingen Anna, Rose und Andreas weiter. Wir planten eine Abkürzung entlang der Riß auf Radwegen, um nicht den Haken über Äpfingen schlagen zu müssen. Die ersten Wegbeschreibungen von Einheimischen waren gewohnt chaotisch, aber bald danach, nachdem wir eine Brückenbaustelle überklettert hatten, hielt ich eine Radfahrerin an, die uns eine Beschreibung lieferte, die bis Biberach reichte. Das war auch gut so, denn in Obersulmetingen endete meine Karte und eine neue, brauchbare hatte ich nicht. Anna hatte eine Karte im Maßstab 1:75 000, die etwas hilfreich war. Die Wege waren eben, aber stets asphaltiert. Nur wenige hundert Meter konnten wir mal auf Schotter oder Gras gehen. Und weil wir mal weg wollten vom Autolärm an der Straße, mussten wir illegal und schnell zwischen zwei Zügen über eine Eisenbahnbrücke gehen.

Wir haben uns gut unterhalten. Rose ist in Pforzheim 1941 geboren, aber vor dem Angriff und der Zerstörung nach Rastatt verzogen. Anna ist Assistentin eines grünen Europaabgeordneten in Brüssel. Er ist Tscheche, 68 exiliert, Mitbegründer der Grünen, kennt Vaclav Havel. Ich habe von unseren Erfahrungen in den 60er und 70er Jahren erzählt. Andreas erzählte von Rummelsberg. Wir hatten einen guten Tag mit mehr als 30 km. Rose war zum Schluss ziemlich platt, Andreas hatte ein schmerzendes Knie, nur Anna und ich waren noch fit. Vor der Kirche St. Martin trafen wir die beiden anderen. Dort trennten wir uns auch und vereinbarten, dass wir uns morgen an der Kirche um 8.30 Uhr wieder treffen werden.

Ich ging zur Jugendherberge, die ziemlich außerhalb liegt, bekam einen Platz in einem Vierbettzimmer, das ich für mich alleine habe, aber kein Abendessen. So sitze ich nun in einer Pizzeria hinter der Liebherr-Fabrik

Mittwoch, 22. August 2007, Im Wald bei Mattenhaus/ Bad Waldsee

Nachdem nun auch die Jugendherberge mit Gasthaus-Essen reichlich teuer war, will ich heute sparsam sein. Ich habe vergeblich nach einem Heuschober oder einer Schutzhütte gesucht. Da habe ich mir nun auf einem Holzlagerplatz aus Paletten, Baustahlgewebe und einem Dach aus einer Blechtafel plus Folie ein Biwak gebaut. Es ist etwas laut hier, denn die B30 ist nahe.

Am Morgen gab's um 8.00 Uhr ein gutes Frühstück Danach lief ich los zur Kirche in Biberach, um die anderen zu treffen. Anna kam mit entgegen, als ich die Kirche umrundete. Ein Passant hatte sie auf mich aufmerksam gemacht, weil er sah, dass sie mit ihrer Mutter auch suchend um die Kirche lief. Vor der Kirche auf dem Marktplatz mit seinen wunderbaren Gebäuden war Wochenmarkt – ein schönes Bild.

Relief mit der Darstellung der Werke der Barmherzigkeit. „Fremde beherbergen“ wird von den Gemeinden am Jakobsweg wieder häufig praktiziert.

Ich habe noch die richtige Landkarte gekauft. Die drei Jungs kamen nicht. Wir zogen um 9.00 Uhr los. Es ging auf guten Wegen durch ein schönes Tal erst nach Reute. Die Leute sind hier sehr freundlich und hilfsbereit. In Reute hielt ein alter Mann sein Auto neben uns an und machte uns darauf aufmerksam, dass außerhalb des Ortes eine Markierung fehle und beschrieb uns die richtige Abzweigung. Aber die Markierungen fehlten heute noch oft.

Unterwegs im Wald sah ich erstmals mehrere schöne Speisepilze. Viele große Ameisenhaufen gab es. Die Landschaft war schön, die Dörfer auch und die Kirchen waren überwältigend barock.

Die „schönste Dorfkirche der Welt" in Steinhausen

In Steinhausen trafen wir auch die Jungs wieder, gingen aber getrennt weiter. Rose schwächelte und wir nahmen darauf Rücksicht. In der St. Georgs-Kirche von Winterstettenstadt sah ich erstmals einen Peter und Paul-Altar. Das werden ja nun meine neuen Leitfiguren nach Rom. Vor Oberessendorf haben wir uns getrennt. Die beiden Frauen gingen zur Bushaltestelle im Dorf, ich weiter auf dem Weg. Ab hier war der HW5 auf eine andere Route verlegt, der Jakobusweg verlief wie auf der Karte eingezeichnet. Dass der Albverein verlegt hat, war klug, denn meine Strecke wurde an einem steilen Aufstieg fast unpassierbar. Ich habe mich noch in Mattenhaus nach einer Unterkunft umgeschaut, aber das Drei-Sterne-Hotel war mir zu teuer. Heute war der Weg eine Genusswanderung, gestern hatten wir eine Bußwanderung auf Asphalt.

Donnerstag, 23. August 2007, Jugendherberge Ravensburg.

Das mit dem Biwak war keine reine Freude. Zuerst war’s nur laut, dann merkte ich, dass meine nagelneue Luftmatratze die Luft nicht hielt. Ich pumpte mehrmals nach, dann gab ich auf, nahm den Rucksack als Kopfkissen und versuchte, auf dem Bretterboden zu schlafen. Eine Folie hatte ich untergelegt und war mit dem Schlafsack in den Biwaksack gekrochen. Vorher hatte ich fast alle meine Wäsche und den Pullover angezogen. Bald hörte ich neben dem rasenden Autoverkehr die ersten Tropfen und sah Blitze. Das konnte ja spannend werden. Das wurde es dann auch. Es brach ein gewaltiges Gewitter mit Sturzregen los. Ich hatte mein Biwak nur nach zwei Seiten gut mit Planen gesichert. Dass es auf der anderen Längsseite den Regen hereinwehen könnte, hatte ich nicht bedacht. Schließlich lagen mein Handy und die Taschenlampe, die ich neben den Kopf gelegt hatte, im Wasser, das auf der Folie schwamm. Aber der Biwaksack hielt dicht und irgendwann muss ich doch eingeschlafen sein.

Als ich erwachte, war es Tag. Ich konnte gut packen und mein Biwak wieder abbauen, denn der Regen hatte aufgehört. Aber die Kleider, die Schuhe und die Socken waren klamm. Um 8.30 Uhr lief ich los, die ersten fünf Kilometer bis Bad Waldsee, ging dort in die Kirche, aß im Stehkaffee eine Schneckennudel und trank einen Pott Kaffee. (Mein erstes Frühstück mit kaltem Pulverkaffee, einem Brötchen und einem Landjäger war keine Delikatesse gewesen.) Im Büro der Kurverwaltung holte ich mir einen Stempel und traf kurz danach die drei Jungs auf der Straße. Nach Rose und Anna hatte ich telefoniert, auch noch mehrmals am Vormittag und bekam keine Verbindung. Ich fürchte, die haben abgebrochen.

Wir liefen also zu Viert weiter. Ich hatte zum Glück eine Karte gekauft. Schon an der Frauenberg-Kapelle war die Beschreibung mangelhaft. In Dinnenried setzten wir uns mitten im Dorf in den Schatten einer großen Linde vor einem Bauernhaus. Ich klebte gerade prophylaktisch ein Pflaster auf den linken großen Zeh, da fuhr ein schwarzer Daimler direkt vor mich hin. Ich fragte den aussteigenden Mann: „Sitze ich vor Ihrer Haustür?“ „Nein“, sagte er, „aber Ihr seht so aus, als könntet Ihr einen Leberkäswecken brauchen.“ Er öffnet die hintere Tür und holt eine Tüte mit vier Brötchen mit Fleischkäse – sogar schön warm – heraus. Wir können kaum danke sagen, da ist er schon wieder weg. Alle sind baff.

Da erscheint hinter mir unter der Tür die alte Bäuerin und entschuldigt sich, weil sie uns nicht schon früher gesehen habe. Sie hätte doch hinter dem Haus eine Terrasse mit Stühlen. Da sollten wir uns setzen. Sie holt uns dazu noch jedem eine Flasche Mineralwasser und Äpfel. Andere Familienmitglieder kamen auch noch dazu. Das wurde eine längere Pause. Sie haben uns dann auch noch einen Alternativweg beschrieben durch einen schönen Wald, der uns später wieder auf den Jakobsweg führte, der auf Asphalt und in praller Sonne verlief. Die Leute sind in den Dörfern ausgesprochen freundlich und helfen gern. Das haben zwei Pilgerinnen aus Bühl in Baden, die wir unterwegs trafen als wir zu einer Rast in einer Waldhütte saßen und uns einen Kaffee kochten, auch so erlebt. Die sind dann auch noch mit uns oder nach uns gelaufen.

Am Gasthof „Frohe Aussicht“ oberhalb von Weingarten rasteten wir für ein Radler. Ich wollte unbedingt eine nahrhafte Suppe und bekam sie auch, obwohl sie nicht auf der Speisekarte stand. Bedient wurden wir von einem Wirt, der mal im T-Shirt, mal im rosa Hemd kam und manche Sachen zweimal sagte. Wir merkten verblüfft, dass wir es mit Zwillingen zu tun hatten. Die drei Jungs wollten wieder in ein kostenloses Gemeindehaus-Quartier, ich beschloss, zur Jugendherberge in Ravensburg zu laufen, die Frauen blieben in Weingarten. Die Jungs liefen voraus und wollten mich anrufen, wenn sie was gefunden hätten. Es kam bisher kein Anruf.

Ich war noch in der Basilika von Weingarten und hörte noch einen Teil der Führung durch einen jungen Benediktiner-Mönch. In dem Riesenkloster gibt es noch vier Mönche, sechs weitere außerhalb. Die letzten Kilometer von Weingarten nach Ravensburg wurden für mich zum Härtetest. In der ersten Wirtschaft mit einem billigen Tagesmenu aß ich zu Abend, trank ein Radler und stieg mühsam die vielen Stufen zur Jugendherberge hoch, wo ich zwei Stunden zuvor ein Bett reserviert hatte – und bekam es wieder in einem Zimmer, in dem drei Betten leer bleiben. Hier konnte ich auch waschen und trocknen für € 4.--. Und nun schlafen, schlafen…

Freitag, 24. August 2007, Brochenzell

Ich habe gut geschlafen. Kurz nach 8.30 Uhr verließ ich die Jugendherberge und stieg die vielen Treppen wieder abwärts. Bald stand ich vor einem riesigen runden Turm, der hier „Mehlsack“ genannt wird. Unterwegs, ich studierte gerade Karte und Wegbeschreibung, sprachen mich drei Penner an: „Wir leben gerade auf der Straße“ sagte einer. „Ich auch“ sagte ich. Da lachten sie: “Wozu braucht man auch eine Wohnung?“ und liefen weiter, ohne mich anzubetteln. Ich ging langsam hinein in diese schöne Stadt, kaufte ein paar Kleinigkeiten in einem Drogeriemarkt, suchte die Frauenkirche, fand den Marktplatz mit Rathaus und Waaghaus. Da saßen die drei Jungs und Rose. Anna war auf der Bank, um Geld zu ziehen. Die beiden hatten also nicht abgebrochen, nur unsere Telefone hatten nicht funktioniert. Doch die Jungs erklärten, sie würden heute aufhören, noch zwei Tage Urlaub machen und dann nach Hause fahren. So lief ich wieder mit Rose und Anna.

Unterwegs zwischen Wald und Obstplantagen

Ich hatte mir schon beim Frühstück überlegt, dass ich heute eine kurze und morgen eine lange Etappe laufen wollte. Erst wollten wir noch in die Frauenkirche, aber da begann gerade das Requiem für einen Priester, der aus Ravensburg stammte und hier heute beerdigt wurde. Wir liefen also auf wunderschönen Waldwegen gemeinsam nach Brochenzell. Unterwegs bei Oberzell hörten wir das Mittagsläuten und lauschten, bis die Glocken aufhörten. Vorher schon gingen wir an einer tiefen Schlucht – dem Hottenloch – entlang, die ein kleiner Bach in die Moränenhügel gegraben hatte. In Brochenzell gingen wir erst zur Kirche, die gerade geputzt wurde, fragten nach einem Gasthaus, bekamen erst die Auskunft, die machten erst um 17.00 Uhr auf. Aber dann hatten die Frauen doch noch einen Tipp, die Waldschenke.

Am Aushang der Kirche gab es eine Adresse, über die Quartiere für Jakobspilger angeboten wurden. Von der Waldschenke aus rief ich an, die Frau Hummel kam, um mich abzuholen zur Waldschenke, wartete bis ich gegessen und bezahlt und mich von den beiden Frauen verabschiedet hatte. Sie brachte mich zur Familie Käser. Herr Käser ist Jakobspilger, hat in sieben Jahren den Weg von hier bis Santiago gemacht. Nun habe ich ein schönes Zimmer, kann duschen und mich etwas erholen. Morgen kommt wieder eine lange Etappe. Im Gespräch haben wir einen gemeinsamen Bekannten entdeckt: den Jakobspilger Karl Hägele aus Ellwangen. Der war auch schon hier.

Gespottet habe ich unterwegs, weil Anna immer mal wieder mit ihrem Büro in Brüssel telefonierte. Ich bin bisher noch nie gepilgert und war gleichzeitig online mit einem EU-Büro. Der Abschied von den beiden fiel mir schwer. Wir haben uns gut verstanden. Aber so ist das halt am Weg.

Ich habe ja schon erwähnt, dass ich mit dem wuchtigen Barock hier meine Probleme habe. Mir fällt es in diesen bunten, versilberten und vergoldeten Kirchen schwer, ein stilles Gebet zu sprechen. Die optische Ablenkung ist einfach zu heftig. Mir fehlt das Einfache, Romanische, wie es die Kirchen in Burgund haben. Selbst gotische Kirchen, die ja auch formenreich sind, helfen mir da mehr. Aus der Versöhnungskirche in Wiblingen habe ich folgenden Text mitgenommen. Der spricht mich an:

Zur Ruhe kommen

Hier bin ich
Gott, vor Dir.
So wie ich bin.
Mit meiner Anspannung,
mit meiner Freude,
mit meiner Ungeduld,
mit meiner Sehnsucht.
Gott, Quelle des Lebens,
erneuere mich.
Amen.

(Andrea Felsenstein-Roßberg)

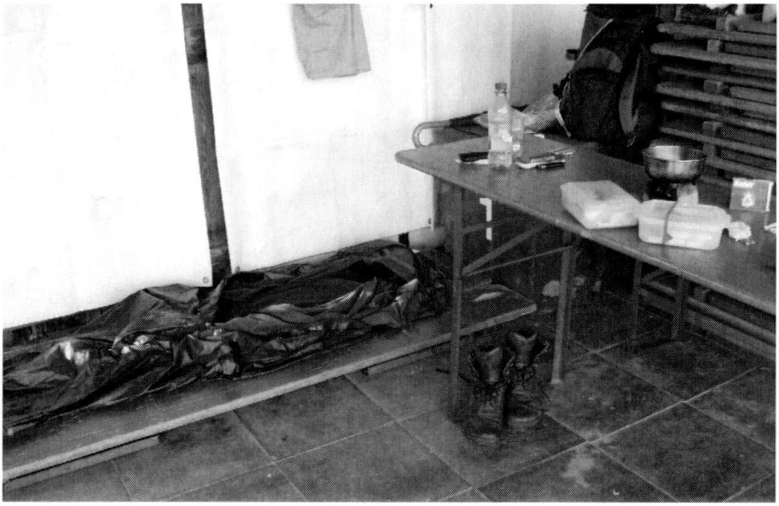

Das Nachtlager am Windhunderennplatz

Samstag, 25. August 2007, Bermatingen-Riedern

Eigentlich wollte ich heute noch etwas näher an Meersburg heran und kurz vorher nach einer Schutzhütte Ausschau halten, um dort zu übernachten. Auf meiner Karte konnte ich einige Hütten am Weg ausfindig machen. Nun sitze ich am Rande eines Windhunde-Rennplatzes in einem nach einer Seite offenen Schuppen mit schön ebenem Boden, habe Bierbänke und Tische und an der Außenwand einen Wasserhahn mit Schlauch. Wo sonst die Hunde getränkt werden, habe ich nun schon eine Schlauchdusche genommen. Als ich die Hütte entdeckte, stand da ein Auto daneben und ich nahm mit Recht an, dass bald jemand käme, den ich fragen könnte. Es kam ein Paar mittleren Alters mit drei Windhunden. Er war der Vorsitzende des Vereins. Er spendierte mir gleich noch ein Weizenbier und als ich zu meinem Abendessen noch ein Bier kaufen wollte, schenkte er mir auch das noch. Ich musste den beiden meine abgelaufenen Karten zeigen, um den Weg zu erklären. Die Frau erzählte auch gleich von einem Bekannten, der gerade in Spanien unterwegs sei. Eigentlich treffe ich fast nur noch Leute, die irgendeinen Jakobspilger kennen.

Am Weg war heute nicht viel los Er führte nicht oft durch Wälder, dafür aber durch große Obstplantagen. Es gibt sehr viel und schönes Obst und die Ernte hat schon begonnen. Die Arbeiter sprechen polnisch und an den Wegen stehen Autos mit polnischen Kennzeichen. Ich kam auch durch das Hepbacher Ried, wo die Urenkel der Auerochsen weiden sollen, so genannte Heckrinder. Aber zu sehen bekam ich keine. In Leimbach am Dorfbrunnen erfrischte ich mich und tankte meine Wasserflaschen voll, an der Mauritius-Kapelle mit Friedhof nochmals und in Markdorf kaufte ich im Naturkostladen fürs Mittag- und Abendessen ein.

Markdorf ist ein sehr schönes Städtchen und ich erlebte es bei herrlichem Sonnenschein. Ich war am Kirchplatz gerade dabei, meine Sachen umzupacken, als die vier Männer kamen, von denen ich schon gehört hatte und die auch in Brochenzell übernachtet hatten. Sie sagten als erstes: „Wir wissen schon alles von dir. Wir sind mit Anna und Rose einen Tag gelaufen." So ist das nun auch hier am Weg, wie einst ab Le-Puy oder am Camino Frances.

Mauritiuskapelle und ehemaliges Spital in Markdorf

Sonntag, 26. August 2007, Konstanz

Auch meine neue Matratze taugt nichts. Auch sie lässt nach wenigen Stunden die Luft raus. Ich hatte sie kurz vor Ladenschluss in Markdorf noch gekauft. Das ist ärgerlich. Ich hätte ein gutes Nachtlager haben können. So hat mich die harte Unterlage der Biertische wieder oft geweckt. Erst war es noch mondhell von einem klaren Himmel. Doch gegen Morgen gab es Nebel über den Wiesen ringsum. Manchmal hörte ich Käuzchen rufen und drei oder vier Mal hörte ich den Stundenschlag einer Turmuhr.

Ich war früh auf, kochte mir einen Kaffee, aß meine restlichen Dinkelbrötchen und einen Apfel als Frühstück. „Apfel und Brot macht Wangen rot“ heißt es ja im Sprichwort. Danach kam eine schöne kurze Wanderung – etwa neun Kilometer bis Meersburg. Unterwegs begegneten mir Schafe, die aus ihrem Pferch ausgebrochen waren, vor Ittendorf hörte ich die Sonntagsglocken und im Wald begleitete mich weiterhin der zarte Duft von reifen Äpfeln, den das blühende indische Springkraut verströmt. Vor

Meersburg kamen zu den Obstplantagen die ersten Weinberge dazu. Leider war ob des Morgennebels lange vom See nichts zu sehen. Es gab auch keinen Säntisblick, obwohl eine Straße auf den Höhen Meersburgs so hieß.

Kurz vorher, bei der Friedhofskapelle suchte und fand ich das Grab von Anette Droste-Hülshoff und daneben das des Priesters Seyfried, der bis 1960 an der Herz-Jesu-Kirche in meiner Heimatstadt Pforzheim gewirkt hatte. Er ließ diese Kirche auch erbauen, deren Turm mit Kreuz lange Jahre die Trümmer der Stadt überragte. Dabei kam ich in ein langes Gespräch mit einer Frau, die das Grab ihres Mannes pflegte.

Unten in Meersburg herrschte dann Tourismus-Trubel, dass man fast umgerannt wurde und den Eindruck bekam, englisch sei hier die Verkehrssprache. Von der Fähre aus rief ich bei Johannes Rostan an, der mich gleich noch zum Brunch einlud, den er mit Freunden hielt. Danach reisten alle ab, Johannes und Lada auch, so dass ich jetzt eine Wohnung für mich habe. An seinem Labtop habe ich den Entwurf für meinen Zeitungsbericht geschrieben und morgen Abend wird er mir helfen, ihn und einige Bilder an die BKZ-Redaktion zu senden. Im Münster und in der Stadt war ich auch schon. Morgen werde ich Tagebuchkopien und Landkarten nach Hause senden. Im Übrigen wird das wohl ein fauler Tag werden.

Montag, 27. August, Konstanz

Gut und bequem geschlafen – das hat schon was für sich. Am Vormittag habe ich den Weg aus Konstanz raus und nach Kreuzlingen erkundet, damit ich morgen gut raus finde. In Kreuzlingen habe ich Schweizer Franken abgehoben, den I-Punkt besucht und mir den Weg beschreiben lassen. Eine Landkarte konnte ich nicht kaufen, weil die Buchhandlung montags erst am Nachmittag öffnet. Auf dem Rückweg habe ich bei Norma ein Fertiggericht und billigen spanischen Wein gekauft, danach mir das Mittagessen zubereitet und ein wenig geschlafen. Lada kam schon um 14.30 Uhr zurück. Ich ging nochmals in die Stadt, um Einlegesohlen zu kaufen und Post für Maria aufzugeben. Sogar vom Schalterbeamten wurde ich auf den Jakobsweg angesprochen. Danach war ich nochmals lange und ruhig im Münster. Auf den Straßen herrschte Touristengedränge.

Durch die Gassen der Altstadt ein Blick auf das Konstanzer Münster, das früher eine Ausgangs- und Durchgangsstation für Pilger war.

Dienstag, 28. August 2007, Tobel

Ich bin früh aufgewacht, schon kurz nach 6.00 Uhr, habe gleich gepackt und danach, während die anderen noch schliefen, gefrühstückt. Von Johannes konnte ich mich noch verabschieden, dann war ich vor der Türe. Durch Kreuzlingen fand ich gut durch. Karte konnte ich wieder keine kaufen, weil ich zu früh dran war. Der Weg ist gut markiert mit Stahlrohrpfählen, an denen die Wegweiser „Schwabenweg“ angebracht sind.

Einer der vielen vorbildlichen Wegweiser am Schwabenweg

Von Kreuzlingen zur Heiligkreuzkapelle von Bernrain gibt es einen stetig ansteigenden Kreuzweg mit modern gestalteten Stationen und neben der Kapelle mit dem christlichen Friedhof einen gut gepflegten jüdischen. Danach war nicht mehr viel los am Weg, mal ging ich auf Straßen, mal auf Wald- oder Feldwegen, durch große Felder und an stattlichen Höfen vorbei. In Märstetten holte ich mir einen Stempel in der Kirche und fand im Gästebuch den Eintrag von „Stefan aus München“, den ich am Münster getroffen hatte. Unterwegs kam ich zu einem Rastplatz mit Denkstein. Im Jahr 1499 hat bei Schwaderloh ein schweizerisches Heer ein deutsches geschlagen. Das scheint immer noch wichtig zu sein. Vor Affaltrangen kam ich noch zur Kapelle von Kaltenbrunnen. Eine alte Frau fegte gerade den Flur. Sie sagte gleich, heute sei noch Heilige Messe und drückte mir einen Zettel mit Übernachtungsmöglichkeiten in die Hand. Ich ging zur billigsten, einem Bio-Hof, und traf niemand an. Den Bauern erreichte ich dann über sein Mobiltelefon.

Mit dem Essen war’s heute ein wenig bescheiden. Nach Märstetten kochte ich mir eine Suppe aus Zwiebeln, Pilzen und Cous-Cous und jetzt esse ich meine Notration Studentenfutter als Abendessen. Schön ist, dass ich von meinem Wein noch einen halben Liter im Plastikfläschchen habe. Das ist jetzt mein Schlaftrunk.

Mittwoch, 29. August 2007, Schwendi

Gestern war ich kaum im Haus, da fing es an zu regnen und das steigerte sich zu einem veritablen Gewitter. Es scheint die ganze Nacht geregnet zu haben. Nach dem Frühstück fuhr mich die Bäuerin dahin, wo ich etwas Proviant kaufen konnte. Es ist alles unglaublich teuer. Ich habe dann gefragt, ob sich diese hohen Preise auch positiv auf das Einkommen der Bauern auswirken. Das wurde verneint. Danach habe ich den Rucksack aufgesetzt und gleich den Schirm aufgespannt. Das war nun das erste mal, dass ich ihn richtig brauchen konnte. Es regnete schließlich heftig und der Wind kam von vorne. Ich schützte den Rucksack mit meiner Plastiktüte und lief sonst hemdsärmelig unter dem Schirm.

Nach St. Margareten wurde der Regen schwächer und hörte dann ganz auf. Pilger habe ich unterwegs auch wieder getroffen: erst zwei Frauen, die dann schon in Münchwilen zum Kaffeetrinken zurück blieben. Dann eine einzelne Pilgerin nach Sirnach. Die lief bis zur St. Martinskapelle in Oberwangen mit. Kurz vorher hatten wir noch zwei Paare eingeholt. Ich blieb in Oberwangen zurück, um ein Pflaster zu kleben. In Fischingen wollten die anderen alle im Gasthaus übernachten. Ich sah sie nicht wieder. Vom Kloster mit seiner überaus prächtigen Kirche aus rief ich im Hörnli an, um Quartier zu machen. Aber das wurde nichts. Erstens wollte der Wirt schon um 15.00 Uhr schließen und ich wäre erst um 16.30 Uhr dort gewesen, zweitens wollte er für mich als Einzelgast 33,- Franken berechnen im Massenlager und ohne jedes Essen. So bin ich etwas unter dem Hörnli auf einem Hof mit richtiger Pilgerherberge gelandet. Das wird wohl auch nicht ganz billig, aber es gibt ein schönes Matratzenlager, ich bekomme Spaghetti Bolognese zum Abendbrot und es gibt Frühstück. Es waren heute zum Teil schöne Wege, allerdings manchmal deutliche Anstiege, vor allem jetzt am Schluss von Au nach Schwendi.

Donnerstag, 30. August 2007, Pfäffikon

Das war gestern noch ein richtig schöner Abend. Die Herbergseltern boten gleich das Pilger-Du an, also Uschi und Richi. Mit dem Essen ließen sie es auch nicht bewenden. Richi brachte noch einen Tessiner Rotwein, einen guten Merlot, und dann machten sie auch noch für alle ein schönes Dessert. Die Überraschung kam am Morgen. Das alles kostete nur 30,-- Franken.

Zehn vor acht war ich auf dem Weg. Draußen war dichter Nebel und Nieselregen. Dazu ging es erst mal steil aufwärts bis Allwinden mit dem Gasthaus, das mal eine Pilgerherberge war. Das lag schon 900 m hoch. Auf das Hörnli (1193 m) aufzusteigen, schenkte ich mir. Es war eh nichts zu sehen. Vor Allwinden hörte ich an der Straße Motorengeräusch und Kuhglocken.

Mit der Aussicht vom Hörnli auf den See und die Berge wurde es nichts

Da kam ein Senn mit Moped und hinter ihm aus dem Nebel eine Kuhherde. Ich war auf einer Alpe, die gleichzeitig ein Naturschutzgebiet war. Die Kühe auf den Weiden waren oft nur zu hören, selten tauchten sie schemenhaft aus dem Nebel auf. Nach dem Dreiländer-Grenzstein Thurgau/St. Gallen/Zürich sah ich kaum 30 m vor mir ein Reh im Nebel stehen. Ich hatte Gegenwind, es konnte keine Witterung aufnehmen. Ich blieb stehen. Das Reh schaute lang in meine Richtung. Dann begann es, auf mich zuzugehen. Keine 10 m vor mir blieb es stehen und wir schauten uns an. Dann drehte es langsam um und ging an seinen alten Platz. Erst als ich dann auf es zuging, verschwand es im Wald.

Die Wege waren ein ewiges Auf und Ab, oft auf rolligem Kies, auch immer wieder durch Wälder, dann vorbei an schönen Höfen. Es waren oft – laut Pilgerführer – aussichtsreiche Wege. Aber mit Aussicht war nichts. Den See habe ich erst gesehen, als ich davor stand. Ich musste bis um drei Uhr stets unter meinem Schirm gehen. An einem

Bauernhaus habe ich gerastet, mir Wasser zu meinem Brot geben lassen. Später, bei zwei alten Leuten, die so eine Art Kiosk für Pilger an ihrem Haus betrieben, habe ich noch zwei Glas Milch getrunken. In Rapperswil beschloss ich, bis Pfäffikon zu gehen, um dort mal das „Schlafen im Stroh“ auszuprobieren. Zuletzt war das ein steiler Aufstieg zu dem Hof. Hier sind nun noch zwei Pilgerpaare, eines aus Österreich und eines aus Franken. Am Anfang des Tages lief ich heute ganz prima in meinen Stiefeln, aber am späten Nachmittag begann der linke große Zeh etwas zu brennen. Und nun habe ich da eine richtige Blase. Die muss ich morgen behandeln, bevor es weiter geht.

Freitag, 31. August 2007, Alpthal, Pilgerherberge

Im Stroh habe ich recht gut geschlafen. Ich hatte eine Schweizer Armee-Decke unter und eine über meinem Fleece-Schlafsack. Das zweite und das dritte Krähen des Hahns im Hühnerstall neben dem Strohlager habe ich gehört, also muss ich das erste verschlafen haben. Zum Frühstück gab's guten Käse – allerdings keinen „Pilgerkäse“ wie in Schwendi – und Müsli mit Kultur-Heidelbeeren vom Hof gab es auch. Von den fünf Pilgern war ich der letzte, der los zog. Mit dem steilen Aufstieg ging es gerade so weiter wie es gestern aufhörte. Erst kam eine Himmelsleiter mit unzähligen Treppenstufen, später bildeten die Wurzeln der großen Fichten unregelmäßige Stufen auf weichem Waldweg. Den See habe ich auch heute nicht gesehen. Der Nebel war noch so dicht wie gestern. Mit drei Walkerinnen habe ich unterwegs gesprochen. Bei den ersten beiden war ich mir nicht ganz sicher, ob sie mich bewunderten oder bemitleideten. Die dritte erzählte mir strahlend, dass oben schon die Sonne scheine und wir einen guten Tag bekämen. Vor der St. Meinrads-Kapelle brach die Sonne dann auch durch. Es gab blauen Himmel bis zum späten Nachmittag.

Zum Kloster Einsiedeln kam ich zum Mittagläuten, nachdem ich den Sihl-See passiert und sogar im morgendlichen Gegenlicht gesehen hatte. Ich beeilte mich und bekam noch einen Teil des Mittagsgebets der Mönche mit. Die Klosterkirche ist das Prächtigste, was ich bisher gesehen habe.

Die überaus prächtige barocke Kirche des Klosters Einsiedeln

Was ist das für ein Gottesbild, das mit solcher Pracht daher kommt? Ich muss das mal mit den katholischen Freunden diskutieren. Vor der Kirche traf ich dann auf eines der Paare – die Franken. Ich hatte mir vom Mesner sagen lassen, dass wir an der Hofpforte einen Stempel in den Pilgerpass bekommen könnten. So gingen wir hin, läuteten, eine Tür innen wurde geöffnet und wieder zugeschlagen. Nach dem nächsten Läuten kam ein höchst unwilliger Mann (einer der Mönche?) und drückte uns widerwillig den Stempel in den Pass. Das war eine richtige Abfuhr. Das Paar ging verärgert weiter. Ich machte Mittagspause, zog die Stiefel aus und trocknete meine Füße an der Sonne.

Der Weg danach durch das Alpthal war eben und einfach. Um 16.00 Uhr war ich im Dorf Alpthal und fand die Herberge mit Matratzenlager. Da beschloss ich, heute keine 300 m mehr zum Pass Haggenegg aufzusteigen. So werde ich das einst für heute geplante Ziel „Brunnen" nicht mehr erreichen, kann es morgen deutlich überschreiten und kann den Pass mit frischen Kräften angehen.

Die Herberge ist originell in einem Anbau am Untergeschoß, der wohl aus Teilen eines Wohnwagens oder Wohnmobils besteht. Aber es ist alles da: gute Matratzen, Wolldecken, Kissen, Dusche, WC, Wäscheplatz und ich darf im Wintergarten sitzen und Tagebuch schreiben, während die Gastgeber außer Haus sind.

Vor Alpthal gab es ein kleines in Stein gehauenes Becken mit einer Inschrift. Die Pilger wurden aufgefordert, einen Stein in das Becken zu legen und damit eine Sorge los zu lassen. Welche Sorge sollte ich los lassen? Ich dachte nach, was mir in den letzten Monaten die größte Sorge gewesen war. Da warf ich für Paul einen Stein hinein, weil sein ungezügeltes Traktor fahren mir immer wieder einen Schrecken einjagte. Hoffentlich hilft's und ich bin die Sorge los.

Samstag, 1. September 2007, Schiffslände in Brunnen.

Das wurde noch interessant gestern. Ich kochte und aß meine Suppe mit Brot, schrieb danach Tagebuch und legte mich schlafen. Es wurde gerade dunkel. Da kam eine Pilgerin die Treppe hoch. Ich kroch wieder aus dem Schlafsack und sagte ihr, dass sie in das dritte Bett könne, die Gastgeber seien ja nicht da. Sie stellte sich als Marlies vor, käme aus Berlin. Sie schwätzte aber richtig schwäbisch. Dann kam der übliche woher-wohin-Dialog. Sie sagte, sie sei erst den Weg von Rothenburg nach Rottenburg gegangen, habe in Winnenden bei Hans-Jörg übernachtet, sei dann über Beuron an den Bodensee gelaufen. Ich sagte, ich wolle nach Rom. „Dann bist du der vom Wacholderhof?“ Hans-Jörg und Heidi hatten ihr von mir erzählt und Frau Bleher auch, denn sie hatte im Gemeindehaus Pfarrscheuer in Murrhardt schlafen dürfen. Ich erinnerte mich dann auch, dass Heidi und Hans-Jörg eine Pilgerin aufgelesen hatten, die unendlich viel zu erzählen hatte und schon auf fast allen Jakobswegen gewesen war. Sie ging dann erst mal ein Bier trinken und eine rauchen.

Geschlafen habe ich nicht besonders gut, war wohl nicht müde genug, bin immer mal wieder aufgewacht, holte mir noch eine Decke. In 1100 m Höhe kann’s bei schlechtem Wetter kalt werden. Nach dem guten Frühstück sind wir gemeinsam losgezogen. Der Aufstieg war wieder gnadenlos. Kurz vor dem Pass haben wir in einer Almwirtschaft gerastet. Ich habe eine kuhwarme Milch getrunken.

Ab der Höhengaststätte Haggenegg begann ein steiler und langer Abstieg nach Schwyz. Der ging mir richtig in die Muskeln. Und mein linker Fuß bzw. Schuh macht auch noch Probleme. In Schwyz war ich in einem Schuhgeschäft, aber der Chef, der Reparaturen machen könnte, war nicht da. So habe ich nur ein neues, hoffentlich besseres Paar Einlegesohlen aus Leder gekauft.

Am Jakobsweg in der Schweiz gibt es viele Informationstafeln über die Geschichte des Weges mit Willkommensgrüßen für die Pilger

Kapelle am Stadtrand vom Schwyz mit Großem und Kleinem Mythen im Hintergrund

In Brunnen fanden wir gleich am Ortseingang das Stroh-Hotel. Marlies blieb dort, ich werde mit dem Schiff nach Treib übersetzen und noch ein Stück gehen. Ich sitze in der Sonne am Hafen. Die Sonne kam erst am späten Nachmittag raus, vorher herrschte vorwiegend Nebel und mit der angekündigten Rundsicht vom Haggenegg aus war's wieder mal nichts. Aber am See war's dann schön.

Die Überfahrt war kurz. Dann fuhr ich, wie im Pilgerführer angegeben mit der Bergbahn hoch, der Schaffner schickte mich auf den Weg zur Jugendherberge und da ging es wieder hinab bis fast auf See-Höhe. An der Herberge war nur eine junge Familie mit zwei Kindern aus Basel. Die Kinder nahmen ganz schnell Kontakt mit mir auf und der Vater sagte, oben am Hang gäbe es Pilze und er beschrieb mir einen (giftigen) Schönfußröhrling. Ich bot an, mit suchen zu gehen. Wir fanden einiges Essbares.

Als ich dann in die Küche ging, stand da eine Weinflasche mit Trollinger-Lemberger vom Schlossgut Hohenbeilstein. Ich war mal wieder baff. (Das Schlossgut liegt nicht weit von Murrhardt, die Eigentümer sind gute Bekannte und wir lieben deren Weine) Die Familie hatte den Wein geschenkt bekommen von einer schweizerischen Bauernfamilie, die im Franche-Comté einen Hof betreibt. Sachen gibt's!

Wir haben die Pilze gekocht, die Familie hat Spaghetti auch für mich mit bereitet und zum Essen haben wir die halbe Flasche Wein getrunken.

Die hübsche kleine Jugendherberge von Seelisberg

Als der Herbergswirt kam, musste ich feststellen, dass ich auch unten rum am See entlang und ohne Bergbahn hätte hierher kommen können (30 Minuten) und dass ich morgen wieder rauf muss, um auf den Jakobsweg zurück zu kommen. An der Wegbeschreibung im Pilgerführer stimmte nichts außer der Adresse.

Die Herberge ist ein Juwel. Sie war mal ein verfallenes kleines Bauernhaus, ein „Gadenhaus“. Für 2,2 Millionen Franken wurde es renoviert. Eigentlich ist es ein kompletter Neubau und nur noch von außen eine Holzhütte. Innen ist alles vom Feinsten. Wenn man das kostendeckend betreiben wollte, müsste die Nacht hundert Franken oder mehr kosten. Aber mir geht’s hier gut, habe ein Zimmer mit 12 Betten für mich allein und das kostet 22,60 Franken

Sonntag, 2. September 2007, Stans

Die Nacht war unruhig. Am Abend war noch eine kleine Gruppe junger Leute angekommen. Die haben bis 2.oo Uhr gefeiert. Nicht allzu laut, aber eben hörbar. Ich war trotzdem kurz nach 6.00 Uhr wach und die Familie auch. Ich habe mir Pulverkaffee bereitet. Die Gruppe hatte wohl zur Versöhnung Hefezopf für alle gebacken und von der Familie bekam ich Marmelade dazu. Das Frühstück war also komplett.

Die Leute haben mir dann angeboten, mich wieder da hinauf zu fahren, von wo ich gestern abgestiegen bin. Das habe ich gerne angenommen. Um 8.15 Uhr ging ich bei der Kirche von Seelisberg weg. Nach einem Stück abwärts führender Straße war ich wieder auf dem Jakobsweg und es begann auf schmalem Pfad ein sanfter, stetiger Aufstieg in Richtung Emmetten. Es war schönes Wetter mit guter Sicht auf den See. Gegen 9.00 Uhr begann es am gegenüber liegenden Ufer zu ballern. Da waren wohl die Schützen am Üben. Zwischen hinein läuteten auch mal die Glocken. Es war ja Sonntagmorgen.

Steiler Abstieg nach Beckenried

Vor Emmetten wich ich wieder vom Jakobsweg ab und folgte einem Pfad sehr steil abwärts Richtung Beckenried, wo der offizielle, längere Weg auch hinführte. Das war ein halsbrecherischer Pfad durch einen Tobel mit einem tosend in Wasserfällen zu Tal stürzenden Bach. Einmal kreuzten Gämsen meinen Weg. Über mir sah ich himmelhohe senkrechte Felsen, unter mir den See. Beim Wiederanstieg, der ja kommen musste, bin ich zweimal beinahe gestürzt. Die Kirchen von Beckenried, Buochs und Stans habe ich besucht. Dort beschloss ich dann auch, mitten am Nachmittag Schluss zu machen und nicht mehr die 4,5 Stunden bis Flüeli anzuhängen. Mein linker großer Zeh schmerzte wieder und ich hatte seit dem Frühstück nichts mehr gegessen. So setzte ich mich vor eine kleine Pizza-Bude und aß eine Pizza mit einem Bier dazu. Ich wusste, dass es bis zum Stroh-Hotel nicht mehr weit sein würde und nicht mehr aufwärts ging.

Ich hatte die Pizza noch nicht ganz gegessen, da war Marlies wieder da. Nun sind wir wieder im gleichen Stroh-

Hotel. Sie ist essen gegangen, ich habe meine Wäsche gewaschen. Ich habe schon wieder diesen fürchterlichen Duft in den Klamotten. Hoffentlich wird bis morgen alles trocken. Es soll wieder schlechtes Wetter geben. Heute war es schön warm und ich habe am Weg immer wieder aus den Brunnen getrunken. Das Wasser schmeckt richtig gut und nirgends steht mehr „Kein Trinkwasser“. Aber jetzt bin ich schon beim zweiten Bier, verdünne es sogar mit Wasser, damit es weiter reicht. Der Durst nimmt kein Ende.

Montag, 3. September, Bio-Hof bei Giswil

Die Bauernfamilie hat uns beide an ihren eigenen Frühstückstisch geholt. Es gab alles, was das Herz begehrt. Wir haben beim Frühstück diskutiert, ob ich mit meinem immer noch schmerzenden Zeh überhaupt weitergehen oder einen Ruhetag machen sollte. Marlies kam auf die Idee, dass ich erstens richtiges Blasenpflaster nehmen müsste und zweitens in die halbe Einlegesohle, die ich über dem Strumpf oben in den Schuh gelegt hatte, ein Loch in der Größe der wunden Stelle schneiden sollte, so dass der Druck auf die gesunde Haut verlagert wird. Das habe ich gemacht und siehe, es war gut. Weil ich Socken und Blasenpflaster kaufen ging und Marlies zur Post wollte, trennten wir uns wieder mal. Aber als ich um 9.45 Uhr aus Stans raus ging, war sie auch wieder da.

Es kam wieder ein heftiger Aufstieg, aber danach hielt sich das Auf und Ab in erträglichen Grenzen. Die Landschaft war sehr schön. Vor uns hatten wir den Pilatus, der nur einmal seinen Wolkenhut für uns lüftete. Bei der Kapelle „Maria im Schnee“ haben wir ganz kurz gerastet und später bei St. Jakob haben wir meinen Zeh nachbehandelt.

Danach waren wir unter dem Mittagläuten aus St. Jakob weitergegangen. Oben, nach einem Anstieg gab es dann eine Überraschung. Am Weg gab es ein offenes „Pilgerstibli“ mit Tischen und Bänken, Kannen mit heißem

Wasser für Tee, Kaffee oder Suppe mit einer Vertrauenskasse. Es gab sogar einen Kühlschrank mit Getränken, selbst mit diversen Schnäpsen. Und 17 Betten hat das Haus auch. Im Pilgerführer steht nichts davon.

Erschöpfter Pilger am „Pilgerstibli"

Die Bauernhöfe liegen schön und weit verstreut an den Hängen. Ich habe wieder viel Wasser aus den Brunnen vor den Häusern getrunken. Am frühen Nachmittag waren wir bei den Kapellen und der Einsiedelei von Bruder Klaus von der Flüe, dem Schweizer Nationalheiligen.

Der Jakobsweg führt zur Bruder-Klaus-Kapelle in Flüeli

Die untere Kapelle wurde gerade renoviert und war nicht zu besichtigen. Als ich in die enge, dunkle Klause hineinging, hatte ich fast eine Erscheinung. Da stand in einem dunklen Türdurchlass ein bärtiger Mann in dunklem Umhang und mit Stab. Er schaute halb durch das winzige Fenster und halb auf mich. Erst dachte ich, es sei eine Art Wachsfigur, aber dann bewegte er sich. Er sah wirklich so aus wie Bruder Klaus auf vielen Bildern dargestellt wird. Aber er war ein Besucher wie wir.

Aus der Kapelle hörten wir den Gesang von schönen Sopran-Stimmen. Es war eine Nonne mit Gitarre und daneben eine junge Frau. Einige andächtige Besucher waren schon drin und ich setzte mich still dazu. Endlich mal wieder eine ganz schlichte schöne Kapelle mit andächtiger Stimmung. Ich war gerührt und glücklich. Am Außenaltar konnte man Kerzen anzünden. Ich habe das auch getan mit einem großen Dank dafür, dass ich in meinem Alter die Gesundheit und Kraft habe, diese Reise zu machen.

Sie zünden eine Kerze an..

Eine brennende Kerze fasziniert. Sie stellt etwas Lebendiges dar. Jesus sagt: „Ich bin das Licht der Welt.“ (Johannes 8,12) Darum ist es gut, die brennende Kerze zuerst in der Hand sinnend zu betrachten und dann hinzustellen. Mit dem Kauf der Kerze unterstützen Sie die Aufwendungen für die Wallfahrt im Ranft und auf dem Flüeli. Zugleich brennt sie in Ihrem Anliegen.

In Flüeli hatte ich Lebensmittel eingekauft, um etwas zu haben, falls ich eine Heuhütte mit offenem Tor finden würde. Marlies wollte in Sachseln in eines der billigeren Hotels gehen. Ich ging weiter bis kurz vor Giswil immer am Sarner See entlang – topfeben. Kurz nach der Abzweigung Richtung Giswil – ich hatte schon die letzten Kilometer bei leichtem Regen unter dem Schirm zurückgelegt – war am Weg ein Bio-Hof mit Hofladen und einer Kasse des Vertrauens. Ich zapfte mir zwei Gläser herrlichen Birnen-Apfel-Süßmost, als der Bauer kam. Den fragte ich um einen Platz im Heu. „Ach wir haben schon öfter Pilger im Heu schlafen lassen. Ich zeige Ihnen einen Platz." Und so sitze ich nun auf dem Scheunenboden, habe Heuballen zusammen geschoben und darauf mein Schlafzeug ausgebreitet, habe mein Abendessen gegessen und darf nun die Dusche neben der „Schmutzschleuse" benützen. Und draußen regnet es in Strömen. Das war für heute Mittag schon angesagt und soll morgen so weiter gehen. Ob ich da weiter gehe?

Dienstag, 4. September, Jugendherberge Brienz

Ich bin weiter gegangen. Gefroren habe ich vergangene Nacht nicht. Mein Zwiebelprinzip, bei dem ich alle Wäsche übereinander anziehe und in drei ineinander geschobene Säcke schlüpfe, funktioniert. Unbequem war's trotzdem und ich wurde öfter wach. Nach meinem selbst bereiteten Frühstück habe ich mich vom Bauern verabschiedet, noch einen halben Liter Obstsaft in meine Flasche gefüllt und mich mit einem von Marias Segenskärtchen bedankt.

Ab dem Ortsende von Giswil stieg der Weg wieder steil im Zick-Zack durch den Wald auf. Es gab schöne Ausblicke, allerdings regnete es und die Berge waren immer von Wolkenfetzen verhüllt. Bei der Kapelle von Kaiserstuhl-Bürglen, die Wendelin und dem heiligen Antonius von Padua geweiht ist, machte ich erste Rast, denn in der Kirche war es warm. Entlang dem See informierten Tafeln über die Geschichte des Sees und seines Kraftwerks. Die Einwohner hatten schon vor 200 Jahren den See in mühsamer und gefährlicher Arbeit zum Teil abgelassen um Acker- und Weideland zu gewinnen.

Ab Mittag kam dann immer mal wieder die Sonne raus. Der Pfad hinauf zum Brüning-Pass war steil aber sehr schön, ein richtiger alter Saumpfad, zum Teil mit eingehauenen Stufen im Fels, zum Teil mit natürlichen Wurzelstufen. Ich querte die Straße mehrmals und auch die Zahnradbahn, der ich später längere Zeit folgen musste. Am Fels unterwegs fand ich schön aufgemalt:

> *„Jesus: Ich bin der Weg, die Wahrheit und das Leben. Niemand kommt zum Vater, nur durch mich."*

Es war an einer natürlichen Steinbank unter einem hohen Fels und der Text passt gut zu einem Pilgerweg. Kurz nach 13.00 Uhr dachte ich, oben zu sein, weil der Weg und die Straße mal wieder abwärts führten. Aber das war ein Irrtum. Ich musste nochmals kräftig hoch und war 13.50 Uhr am Pass samt Zahnradbahnhof. Von hier aus sah ich auch für kurze Zeit den Schnee auf den höheren Gipfeln, der in der Nacht gefallen war. Der Abstieg war supersteil, rutschig, schmal. Ich brauchte neben meinem Stockschirm zeitweise einen zweiten Stecken. Der Weg führte dann lang am Hang entlang durch einen märchenhaften Bergwald mit hohen Felsen, verstreuten Blöcken, umgestürzten Bäumen. Rechts ging's steil hoch. Links fast senkrecht runter. Schließlich hörten die Markierungen auf und ich kam trotzdem am richtigen Dorf, aber hinter einem privaten Chalet heraus. In Brienzwiller kaufte ich ein, weil ich gerne wieder im Heu geschlafen hätte, tankte auch Wasser. Aber dann ergab sich keine Gelegenheit.

Ich ging durch bis zur Jugendherberge. Erst sollte ich in ein Zimmer mit einer Frau und vier Mädchen, die von mir gar nicht begeistert waren. Darauf fiel dem jungen Mann an der Rezeption ein, dass er noch ein 6er-Zimmer mit nur zwei Reservierungen hatte. Ich habe das Herbergs-Abendessen genossen und bin mit Übernachtung und Frühstück nun rund 50 Franken los. Der Vorteil von gestern ist wieder aufgebraucht. Ich bin gespannt, wie das heute mit dem Schlafen wird. In der Herberge toben zwei Schulklassen.

Mittwoch, 5. September 2007, am Ufer des Thuner Sees

Die Schulklassen waren nicht das Problem der vergangenen Nacht. Das waren die beiden Leute, die zwei Betten in dem 6er-Zimmer reserviert hatten. Sie kamen spät als der Slowake über mir und ich schon am Einschlafen waren. Es war ein kugelrundes, mittelalterliches Paar. Sie warfen sich in die Betten, ohne sie zu beziehen und fingen sofort an zu schnarchen. Und wie! Mal pfiff ich, mal klopfte der Slowake an die Wand. Es nützte immer nur für Augenblicke. Ich muss wie üblich dann doch mal eingeschlafen sein. Aber dann weckten sie mich wieder, indem sie Licht machten und mehrmals nach draußen gingen – wohl zur Toilette. Es war der Horror. Aber irgendwie wurde es doch Morgen.

Vom Slowaken habe ich mich freundlich verabschiedet. Er erklärte mir radebrechend, dass er heute auf das Jungfraujoch wolle. Der Tag schien gut zu werden. Gestern noch hieß es, es werde schlechter und kalt – nur noch + 7°C. Aber es wurde ein herrlicher Tag, der schönste bisher. Zuerst durfte ich wieder einen Maultierpfad hoch steigen. Manchmal dachte ich, dass ich beides sei: Maultier und Treiber. Ich schleppe meinen Sack und treibe mich selber an. Der Weg führte durch ein gewaltiges Felsenmeer. Ich dachte zurück, wie sehr mich vor drei Wochen der Aufstieg durch das Murrhardter Felsenmeer geschlaucht hatte. Das habe ich jetzt täglich mehrmals.

Nach Brienz war ich zu den Giesbachfällen gekommen. Die sind ein herrliches Naturschauspiel. Das Brienzer Rothorn hatte Schnee und leuchtete in der Sonne. Unten der See hatte eine schöne grüne Farbe mit leichtem Milchglas-Ton. Vor dem winzigen Weiler Isch kam ich auf eine Almwiese, die mit ihren schönen alten Stadeln und Häusern in leuchtendem Sonnenlicht lag. Auch Isch selbst war wunderschön. Hinter einem alten Backhaus habe ich gerastet und mir eine Gulaschsuppe warm gemacht. Dann ging's runter nach Böningen und schön eben am See entlang bis Interlaken. Da bin ich ganz langsam hindurch gegangen, habe an einem Schnellimbiss gegenüber von einem Hotel was gegessen. An der Aare entlang kam ich nach Untersee, fragte mich aus dem Dorf hinaus Richtung Beatus-Höhlen.

Der Blick zurück wurde immer schöner. Der Eiger war deutlich zu sehen, manchmal wohl auch Mönch und Jungfrau.

Einige Wolken waren immer mal wieder dazwischen. Als ich dann unten am Ufer des Thuner Sees war, kam ich an ein Bauernhaus mit genau dem Stadel, wie ich einen suchte für die Nacht. Da habe ich den Rasen mähenden Nachbarn gefragt und durfte mich einrichten. Es gibt Heu, eine Bank vor dem Haus, einen Brunnen und hinter der Stützmauer unter der Villa des Nachbarn eine große Nasszelle mit WC, Dusche und Herd. Geduscht habe ich nicht. Ich wollte das Wasser im See testen und habe kurz darin gebadet – so wie im Tauchbecken nach der Sauna.

Nun habe ich mit den Leuten noch einen Tee auf ihrer Terrasse getrunken. Sie hatten ihre hübsche Tochter zu mir geschickt, um mich einzuladen. Die Sonne ist untergegangen und der Berg Niesen hat einen Wolkenhut. Dazu gibt es hier eine Wetterregel:

„Hat der Niesen einen Hut, wird das Wetter gut, hat er einen Kragen, kann man noch was wagen, hat er eine Degen, gibt es heut noch Regen."

Zum Glück hat er einen Hut.

Donnerstag, 6. September 2007, Merligen und Amsoldingen

Ich muss auf das Schiff warten, das mich nach Spiez übersetzen soll. Ich war sogar schon auf einem Schiff, aber es war der „falsche Dampfer“. Die Schiffe fahren um 12.00 Uhr nach Interlaken und um 12.04 Uhr nach Spiez. Ich bin zusammen mit einem Pilger aus München zu früh an Bord gegangen. An der nächsten Station stiegen wir aus, als wir unseren Irrtum bemerkten und liefen am Ufer entlang zurück.

Aber nun zum Tagesbericht. Ich war wie gewohnt kurz nach sechs wach, hatte recht gut im losen Heu geschlafen. In dem großen Sanitär-Raum konnte ich bequem packen und meinen linken Fuß versorgen. Kurz nach acht lief ich vom Stadel weg. Es war wunderbares Wetter und die Schneeberge leuchteten um die Wette.

Der Thuner See ist bei solchem Licht richtig blau.

Ich stieg zu den Beatus-Höhlen auf. Die Höhlen waren mal die Einsiedelei eines irischen Mönches, der zu den ersten gehörte, die um 600 n. Chr. das Christentum hier verbreiteten. Es gab da mal eine kleine Kapelle und man sieht noch die Ruinen einer Pilgerherberge.

Beim Aufstieg zu den Beatus-Höhlen auf sehr schmalem Pfad sah ich neben mir am abfallenden Steilhang eine Gams. Es war ein kräftiges Tier mit schönem Gehörn. Sie blickte in eine andere Richtung. Ich blieb stehen, ganz still, hatte wieder deutlichen Gegenwind. Das Tier drehte sich und sah mich an. Da geschah wieder das gleiche wie vor Tagen mit dem Reh. Die Gams kam zögernd auf mich zu und beäugte mich immer wieder, gab dreimal einen Laut von sich, der wie „miääch" klang. Rund 7-8 m vor mir blieb sie dann endgültig stehen. Wir sahen uns lange an. Für mich hätte sie glatt ausgestopft im Naturkundemuseum stehen können. So lange hatte ich Zeit, sie zu betrachten. Erst wagte ich nicht, zum Fotoapparat zu greifen. Dann versuchte ich es. Aber die erste kleine Bewegung reichte, dass sie sich umdrehte und mit einigen Sprüngen verschwand. Ich ging einige Schritte bis zur nächsten Kurve. Da stand das Tier wieder und schaute noch mal, ob ich wirklich käme. Dann verschwand es im Wald. An den Beatus-Höhlen fragte ich einen der Führer, ob das ein Gamsbock gewesen sein könnte. Er meinte, meine Beschreibung mache das sehr wahrscheinlich. Und manche ältere Tiere könnten schlecht sehen. So war das wohl.

Der Abstieg nach Merligen war eine Genusswanderung. Um 11.00 Uhr war ich dort, habe für Mittag- und Abendessen eingekauft und auf das Schiff gewartet. Und dann passierte das Missgeschick mit dem falschen Schiff.

In Einigen traf ich auf zwei Männer, die ich mal wieder nach dem Weg fragen musste. Sie erklärten mir, sie hätten hier die schönste Kirche weit und breit. Es war wieder eine sehr schöne, schlichte, einschiffige romanische Basilika. Ich genieße die Stimmung, die von dieser Architektur ausgeht. Wenig später fand ich die Erklärung dafür, dass es diese Kirchen hier gibt. Ich stieß auf das einstige Stammschloss des Burgunderkönigs Rudolph und erfuhr, dass die Region um das Jahr 800 n. Chr. zum Königreich Burgund gehört hatte. Die burgundischen Baumeister waren also auch hier tätig.

In Spiez besuchte ich die Kirche neben dem Schloss und war total überrascht. Es war eine stilreine romanische Basilika. Was für eine Wohltat nach all dem Barock

Ich ging dann noch weiter bis Amsoldingen., wollte eigentlich beim Bauern unterkommen. Aber das wurde nichts. Ins Gasthaus wollte ich nicht und bei fünf Häusern mit Bed & Breakfast nahm niemand das Telefon ab. Zu einem ging ich dann einfach hin und trat ein. Aber die waren schon überbucht. Nach einigem Überlegen boten sie mir einen Planwagen an, der hinten im Hof steht. Die junge Frau brachte mir ihre eigene Isomatte und einige Militär-Wolldecken. Ich habe schon gekocht und gegessen und nun richte ich meine Schlafstatt. Die Militärdecken waren kürzer als normal. Die junge Frau trennt den Streifen mit dem eingewebten Schweizerkreuz ab und näht daraus Mützen, die sie an Boutiquen verkauft.

Freitag, 7. September 2007 Henzischwand

Die Nacht im Planwagen war erträglich. Dank der Militärdecken lag ich warm. Ich baute nach dem Aufwachen gleich wieder den Tisch in den Planwagen ein. Vom nahen Kirchturm hatte ich nur einmal, um 5.00 Uhr, den Glockenschlag gehört. Also hatte ich fast durchgeschlafen. Ich war noch am Packen, da kam schon die junge Frau mit einer Kanne Kaffee. Ich habe noch die schöne romanische Kirche mit Krypta besucht und habe mich dann verabschiedet. Eine Karte von unterwegs darf/muss ich schreiben.

Der Weg nach Wattenwil war eben und einfach. Dort kaufte ich ein, u. a. Batterien für meinen Fotoapparat. Der Elektriker, der sie mir verkaufte, fragte nach dem Woher und Wohin. Das wollen die Leute hier immer wissen. Später, ich hatte mir gerade einen Bohneneintopf warm gemacht und aufgegessen und war wieder am Aufsteigen, überholte er mich mit dem Fahrrad auf seinem Weg in die Mittagspause. Er meinte, sein Haus liege oben am Jakobsweg und wenn ich nachher vorbei käme, würde er mich zum Kaffee einladen. Aber ich muss wohl vorbei gegangen sein, ohne dass er mich sah.

Ich bin hier wieder in einer Moränenlandschaft wie in Oberschwaben oder südlich des Bodensees. Mehr oder weniger steile Hügel muss ich erklimmen. In Riggisberg traf ich wieder auf eine romanische Kirche und in Rüegisberg auf die Ruine eines Klosters, das mal die erste Niederlassung der Cluniazenser auf schweizerischem Boden war.

Ich habe dann per Telefon ein Bett im Stroh reservieren wollen. Ging aber nicht. Da habe ich in Schwarzenburg Bed & Breakfast reserviert, fand aber vorher in Henzischwand einen Hof, der das zum gleichen Preis anbot. Da blieb ich hier. Der Tag war lang genug gewesen. Nun habe ich in einem großen Bauernhaus ein schönes Bett, habe in einer Sitzbadewanne gebadet – herrlich –, die Bäuerin hat mir Suppe und Kaffee spendiert. Das wird mal wieder eine gute Nacht.

Die schlechte Nachricht: Mein linker Schuh löst sich auf. Heute Morgen drang Wasser zwischen Sohle und Oberleder ein. Die Sohle löst sich auf einer Länge von 5-6 cm. Vielleicht kommt daher auch der Knick im Oberleder, der mir die Blasen macht.

Samstag, 8. September 2007, Freiburg/Fribourg

Ich habe eine Stunde länger geschlafen als sonst. Trotzdem war ich um 7.30 Uhr bei der Bauernfamilie am Frühstückstisch. Es gab reichlich Emmentaler, für den sie die Milch liefern. Nachdem ich gestern Abend schon die undichte Stelle an meinem Schuh mit Uhu gefüllt hatte, bat ich die Bäuerin um das Klebeband, mit dem die Klauen der Tiere verklebt werden, wenn ein Verband halten soll. Ich habe es drauf geklebt, aber es ging im nassen Gras nach einigen Kilometern wieder ab. Ich hatte mir noch mehr geben lassen und probiere bei nächster Gelegenheit, es fest drauf zu bekommen.

Der Weg war unkompliziert. In der Moränenlandschaft der Voralpen gibt es nur sanfte Hügel. Als ich in Schwarzenburg eine Parkplatzeinfahrt queren wollte, kam ein Auto und die Leute da drin winkten und lachten. Es stiegen zwei Paare aus, die heute die Strecke Schwarzenburg - Freiburg pilgern wollten. Die habe ich dann später am Weg nicht weit vor Freiburg wieder getroffen.

Am Ortsausgang von Schwarzenburg sah ich rechts am Weg das Gemeindehaus einer Freikirche und besah mir den Schaukasten. Da kam aus der Grünanlage ein Mann mit Fahrrad, riesigem Rucksack, Plastikbeuteln am Lenker mit langem, zum Zopf gebundenen Bart und ebensolchen Haaren. Er lächelte und sprach mich als Pilgerer (!) an. Ich fragte ihn, ob er auch auf dem Weg sei. Er sei schon lange unterwegs, antwortete er, sei Russe aus Sibirien. Er sprach aber ein grammatikalisch einwandfreies Deutsch mit perfekten umgangssprachlichen Wendungen. Es klang, als hätte er es irgendwo rund um Lübeck gelernt. Mit der Zeit – er schloss sich mir einfach an – kamen unglaubliche Geschichten heraus. Etwa so:

Er war mal Unternehmer, hat Erfindungen gemacht, mit denen er in das Guiness-Buch der Rekorde gekommen ist. Aber die Erfindungen waren so gut, dass die Mafia sie ihm abjagte. Seit acht Jahren habe er als Christ wichtige biblische Orte besucht. Er sei in Thessaloniki, Antiochia und Jerusalem gewesen. Er wurde als Einzelpilger im Libanon in einem Bunker eingesperrt und beinahe erschossen. Einzelpilger, nach denen niemand frage, seien dort immer bedroht. Er sei von Israel über Jordanien nach Ägypten gegangen, habe mit dem Patriarchen der koptischen Kirche gesprochen. Auch mit dem Bischof von Belgien habe er über die bedrohten Pilger gesprochen. Dort wolle man eine Kampagne starten, um den Leuten zu helfen. Nur die Holländer wollten von der Sache nichts wissen. Mit Politikern habe er über das christliche Ethos in der Politik diskutiert. Er sei auch von Ägypten nach Lappland gereist in ein ziemlich geheimes Kloster. Und so weiter und so fort.

Ich hatte ihm anfangs gesagt, dass ich nach Rom unterwegs sei. Da fing er an zu überlegen, ob er mich begleiten wolle. Aber dann fiel ihm ein, dass er morgen, am Sonntag, in einer Kirche nördlich von Fribourg zu einem Gottesdienst eingeladen sei.

Vor Tafers verabschiedete er sich von mir. Fotografieren ließ er sich nicht. Ich weiß beim besten Willen nicht, was ich von all den Geschichten glauben soll. Er hieß übrigens Waldemar – auf Russisch Wladimir!

Der Weg ab Schwarzenburg war wunderschön. Es ging durch tief zwischen Felsen eingegrabene Hohlwege, zum Teil mit Pflaster, das noch von den Römern stammen soll.

Mal waren Stufen, mal sogar so etwas wie Fußspuren in den Fels gemeißelt. In Tafers traf ich, nachdem ich die Jakobuskapelle mit der Darstellung des Hühnerwunders und die St. Martinskirche besucht hatte, auf einen Markt mit Volksfest. Da ließ ich mich zu einer Kalbsbratwurst verleiten. Die war richtig gut. Kurz zuvor traf ich auf einen Wanderer, der mir gleich sagte, er sei schon zweimal vom Bodensee nach Santiago gepilgert, sei Mitglied einer Jakobusgesellschaft und helfe bei der Wegmarkierung. Da habe ich ihm natürlich erzählt, dass ich das auch mache. Wir verabschiedeten uns mit Handschlag und „Buen Camino“. Der Fluss Sense, den wir vor St. Antonie überquerten, hat ein gewaltiges Flussbett. Das muss ein Schauspiel sein, wenn dieser Fluss viel Wasser führt.

Brücke am Stadteingang von Fribourg

Da ich heute Abend etwas mehr Zeit habe, bin ich auch noch mal in das Zentrum von Fribourg gegangen. Bei meiner Ankunft am späteren Nachmittag war ich nur in der Kathedrale. Dort bekam ich einen Stempel in den Pass und die Adresse eines Franziskanerklosters, wo es Unterkünfte geben sollte. Aber ich fand nicht mal einen Eingang mit Glocke. Deshalb bin ich in der Jugendherberge gelandet. Ich habe wieder in einer Imbiss-Bude gegessen, das Tagesmenu Lahmacun mit Salat und einem Bier. Das kostet neun Franken, also sechs Euro. Das ist erträglich und machte satt. Ins Restaurant bin ich in der ganzen Schweiz noch nicht gegangen. Es gibt einfach nichts, was ich mir leisten könnte.

Heute wurde ich auch erstmals von einem Bauern in Französisch angesprochen und habe es sogar geschafft, ihm einigermaßen ordentlich zu antworten. „Freiburg ist noch zweisprachig, aber danach müssen Sie Ihr Französisch hervorkramen“, sagte einer der vier Tagespilger heute zu mir.

Zur Wegmarkierung: Man muss sich von Kanton zu Kanton an andere Markierungen gewöhnen. In Thurgau hieß es „Schwabenweg“ in blauer erhabener Schrift auf weißen Tafeln. Danach kamen braune Tafeln mit dem Wort „Jakobsweg“ in weißer Schrift. Um den Thuner See herum waren es gelbe Schilder mit dem Wort „Pilgerweg“. Schon in Rapperswil traf ich auf gelbe Schilder mit einer „4“ und dem Wort „Via Jacobi“ samt einer winzigen Strahlenmuschel gelb auf blau. Jetzt im Freiburger Land gibt es in den Städten quadratische blaue Schilder, 15 x 15 cm, mit der Strahlenmuschel. Der Muschelknoten zeigt nach Santiago und zusätzlich gibt es einen Pfeil. Mal sehen, was noch alles kommt. Markiert ist so gut, dass ich noch keine Karte brauchte. Erst heute Morgen hat mir die Bäuerin eine Straßenkarte der Schweiz geschenkt, auf der ich jetzt meinen Weg eingezeichnet habe.

Sonntag, 9. September 2007, Hennes bei Romont

Glück muss der Pilger haben. Ich habe eine überschaubare Tagesetappe geschafft und sitze beim letzten Tageslicht in einem Zelt, habe eine doppelbreite, weiche Luftmatratze und Wolldecken über meinem Schlafsack. Und das kam so: Mein Tagesziel war Romont. Rund acht Stunden waren dafür veranschlagt. Ich wollte ein Stück darüber hinaus, um morgen die lange Etappe nach Lausanne zu schaffen. Ich kam gut voran, war gegen 17.00 Uhr in Romont. Am Fuß der auf einen Hügel gebauten Stadt fragte ich bei den „Fille de Dieu“ nach Quartier, wurde abgewiesen und bekam eine Adressenliste. Das billigste wäre SFr 20,— im Schlafsack gewesen. Das war im Gemeindehaus der Reformierten. Aber die Betreuer waren nicht da, obwohl das Haus offen war. Eigentlich hätte ich bleiben können. Aber ich wollte mich nicht ungefragt in den kleinen Gemeinderaum legen. So besichtigte ich ein wenig das Städtchen und ging weiter in der Hoffnung, beim Bauern unterzukommen. Als ich wieder in dörflicher Umgebung war, fragte ich einen jungen Bauern, der gerade mit der Stallarbeit fertig war, ob ich ins Stroh oder Heu könnte. Aber er war nur ein Angestellter, telefonierte mit dem Bauern und musste mich abweisen. Ich ging einfach weiter. Die Sonne war am Untergehen. Ich war noch nicht aus dem Dorf, da kam der junge Mann mit dem Auto, ließ mich einsteigen und fuhr mich zurück zum Hof. Beim Nachbarn stand ein Zelt im Garten und da darf ich nun bleiben.

Aber nun zum Tagesablauf: Um 8.25 Uhr war ich aus der Jugendherberge raus. Der Weg aus der Stadt war neu markiert und ich habe den Verlauf notiert, um es dem Outdoor-Verlag mitzuteilen. Über Villars-sur-Glâne" lag dichter Morgennebel.

Unter dem Städtchen an der Glâne kam ich zu einer schönen, alten Kapelle an einer wohl noch älteren Brücke. Das war mal ein wichtiger Übergang für die Pilger und nicht nur für sie.

In Ecuvillans war Erntedankfest vor der Kirche. Die ganze Dorfbevölkerung stand mit Plastikbechern voller Bier, Wein, Säften herum, Volksmusik spielte und ich sah erstmals Fahnenschwinger.

Später im Wald machte ich meine Mittagspause an einer Waldhütte mit Grillplatz und Wasserpumpe. Da kam ein Paar, die Frau krempelte Hosenbein und Ärmel hoch und da kamen große Schürfwunden zum Vorschein, die sie sich bei einem Sturz auf dem scharfen Split eines Weges geholt hatte. Sie wuschen die Wunden an der Pumpe und ich desinfizierte sie danach mit meinem Spray.

In Posat stand eine schöne Kapelle, in der Kapelle von Chavannes fotografierte ich ein Fresko mit dem lateinischen Glaubensbekenntnis. Es gibt immer mal wieder Kirchen und Kapellen, die zur reformierten Kirche gehören. Man sieht's oft mit einem Blick: schlichte Ausstattung, kleiner Altar mit der großen Bibel drauf, die Kanzel zentral – es ist eben das Wort wichtiger, weniger das Sakrament.

Montag, 10. September 2007 , Montpreveyre

Mein Gott, war das wieder ein Aufstieg am Schluss! Ich wollte zwar heute bis Lausanne, aber da hatte ich mir zuviel vorgenommen. Bis hierher habe ich es geschafft. Morgen sind es dann immer noch mehr als drei Stunden. Hier sollte es in einer Pizzeria Gästebetten und Matratzenlager geben. Es dauerte, bis ich sie gefunden hatte. Doch sie war montags ab 15.00 Uhr geschlossen. Pech! Daneben war ein Bauer dabei, sein Mähwerk zu kärchern. Als ich ihn fragte, ob es irgendwo Gästezimmer gebe, bot er mir spontan sein Strohlager an. Und er spricht auch noch Schyzerdütsch. Bei der Milchküche gibt es Dusche und WC, Essen habe ich zum Glück in Moudon eingekauft.

Die Nacht im Zelt war nicht so gut wie erhofft. In 800m Höhe wird es doch sehr kalt gegen Morgen. Und die

Luftmatratze war ein Schaukelbett. Aber weich war sie und meine Hüften wurden geschont. Der junge Mann hatte mir sogar noch Biskuits von der örtlichen Kirchweih gebracht. Die gab's dann heute Morgen zum Frühstück samt meinem restlichen Studentenfutter.

In Curtilles habe ich die romanische Kirche mit Glockenmauer bewundert

Vor Lucens bin ich auf eine schöne Wegalternative ausgewichen. Endlich durfte ich heute mal lange Zeit an Flüssen oder Bächen entlang gehen. Sie haben wilde, manchmal auch regulierte, schöne Flussbetten und klares Wasser. Dass ich viel eben gehen durfte, war heute gut. Ich habe ein wenig geschwächelt und unter dem Rucksack gelitten. Nach dem Einkauf beim Migros in Moudon habe ich Mittagspause gemacht und das Städtchen besichtigt. Es gab dann viele Weiler und Höfe bei mäßigem Auf und Ab.

In Vucherons gab es in der reformierten Kirche sogar einen Stempel. Ja, und dann eben der Schluss: Vor dem Ziel noch einmal steil hinab zu einem Bach und genau so steil wieder bergauf. Aber morgen werde ich in Lausanne sein.

Dienstag, 11. September 2007, Lausanne

Das war gestern noch alles ganz unkompliziert. Ich richtete mir mein Strohlager, aß in der Milchküche mein Abendbrot und ging zeitig schlafen. Aber das war dann gar nicht so einfach. Auch Kühe schnarchen nämlich. Und wie laut! Sie rasseln mit den Ketten, mit denen sie an ein altes Fressgitter gebunden sind und einige haben sogar Kuhglocken um den Hals. Da freut man sich, wenn gerade diese Kühe sich legen, um zu schlafen. Aber mitten in der Nacht bekommen sie natürlich Hunger. Und wie es platscht, wenn Kühe zu viel frischen Klee gefressen haben, weiß ich nun auch. Aber mein Strohbett war weich und warm. Die Wanderung nach Lausanne war uninteressant auf verrückt geführtem Weg, in irrationalem Zick-Zack und mit schlechter Markierung.

Zur ersten reformierten Kirche der Schweiz auf der Höhe über Lausanne führt der Pilgerweg auch

Im Vorort Epalingues verlief ich mich gründlich. Als ich an einer Bushaltestelle eine alte Dame nach dem Weg zur Kathedrale fragte, antwortete sie in Deutsch, löste für mich ein Bus-Ticket und wir fuhren die ein-zwei Kilometer mit dem Bus. Sie sprach gut deutsch, ist engagiertes Mitglied ihrer reformierten Kirche, geht nächstens nach Eisenach zu einer Tagung der Bonhoeffer-Gesellschaft, der sie angehört. Bonhoeffer habe sie nach dem Krieg mit der evangelischen Kirche in Deutschland wieder versöhnt, sagte sie mir. Sie begleitete mich bis zur Kathedrale und verabschiedete sich herzlich. Nun bin ich im Backpackers-Hostel im Vierbettzimmer und habe eine Waschmaschine mit fast allen Klamotten laufen. Gut gegessen habe ich auch schon: Ein blutrotes Roastbeef mit Pommes, Vorspeise und Dessert. Es ist hier billiger als unterwegs und in den Touristen-Orten. Bleiben kann ich nur eine Nacht. Morgen ist alles schon ausgebucht.

Am Abend habe ich meinen Artikel für die BKZ geschrieben und per E-mail verschickt. Bilder zu verschicken war von diesem PC aus nicht möglich. Ich muss es woanders versuchen, vielleicht in der nächsten Herberge. Danach habe ich mir aus dem Fundus „bedienen Sie sich“ in der Selbstkocher-Küche eine Tasse Reis gekocht und mit einem scharfen Dipp gegessen. Das war nicht besonders gut, machte aber satt für die Nacht. Allerdings hatte ich etwas Rotwein dazu, denn hier in Lausanne habe ich zum ersten Mal in einem Supermarkt eine bezahlbare Flasche Rotwein gefunden.

Mittwoch, 12. September 2007, Montreux-Territet

Gestern Abend schon und heute Morgen erst recht habe ich mir überlegt, ob ich statt des Ruhetags in Lausanne nicht lieber den Ruhetag zur Hälfte auf das Schiff verlegen sollte. Ich wollte auch den Rucksack nicht noch einmal in die Stadt tragen, um in das mir beschriebne Internet-Café zu kommen. So suchte ich mir den Weg zum Schiff nach Lausanne-Ouchy, was nicht schwer war. Dort gab es auch den ersten Wegweiser der „Via Francigena“. Aber ich kaufte mir ein Ticket nach Vevey und musste 1,5 Stunden warten. Das war eine schöne müßige Zeit am Ufer. Das Schiff ersetzt mir einen 25 Kilometer langen Weg am Ufer, der doch nur an den Villen der Reichen vorbei geführt hätte. Das Wetter war diesig. Ich konnte kaum das andere Ufer erkennen, die Alpen dahinter nur schemenhaft. Während der Wartezeit habe ich mit Werner telefoniert. Er wird mir neue Schuhe mitbringen. Ab Vevey ging ich erst mal den Uferweg bis ein Privatgelände die Weg-Markierer gezwungen hatte, den Weg auf den Gehsteig entlang der Straße zu verlegen. Das Privatgelände gehört wohl dem Nestlé-Konzern.

Hier hat ein Künstler eine Redewendung beim Wort genommen und „in See gestochen“

Ab Clarens konnte ich dann wieder am Ufer entlang gehen bis Montreux. Diese Stadt glänzt mit Reichtum und Exklusivität und ich habe mich ausgeschlossen gefühlt. Da muss man schon sehr viel Geld haben, um in einem dieser Hotels logieren zu können. Ich habe mich auch erinnert, dass der Weltkirchenrat in den 70er Jahren hier eine Konferenz zu Dritte-Welt-Themen abgehalten und Beschlüsse zum Lebensstil der Zukunft gefasst hat. Ob diese Stadt dafür der richtige Rahmen war? Gleich nach Montreux sollte die Jugendherberge in Territet kommen. Aber an der einzigen wichtigen Abzweigung gab es keinen Wegweiser dahin. Ich bin ca. 20 Minuten zu weit und dann wieder zurückgegangen, weil mir noch einigermaßen rechtzeitig Zweifel kamen. Nun warte ich, bis die Rezeption öffnet. Freie Betten gibt es laut Aushang.

Donnerstag, 13. September 2007, St. Maurice

Das war heute ein langer Tag. Ich hatte mir vorgenommen, irgendwo unterwegs die Bilder abzusenden und Fotokopien machen zu lassen. Deshalb durfte die Tagesstrecke nicht allzu lang werden. Also nur bis Aigle.

Aber es kam wieder mal alles ganz anders. Erst musste ich ja den Weg bis zu dem mächtigen Schloss Chillon gehen. In Villeneuve fand ich beim Bahnhof einen Copy-Shop. Die Tagebuch-Kopien waren schnell gemacht, aber danach habe ich versucht, auf dem dortigen PC die Fotos los zu werden. Ich hab's nicht hin bekommen. Bin dafür einfach zu doof. Aber der Shop-Besitzer hat meine Fotos wenigstens alle auf eine CD gebrannt – zur Sicherheit.

Der Weg bis Aigle war so hässlich, dass ich besser mit dem Bus gefahren wäre: Immer an der Bahn, einem kleinen Kanal oder zum Schluss sogar an Fabriken und einer Recycling-Anlage entlang. Schließlich war ich in Aigle gegen 14.00 Uhr. Da hätte ich eigentlich bleiben können. Aber eine preiswerte Unterkunft gab es nicht und im

Fotogeschäft, wo ich mir Bilder entwickeln lassen wollte, war das Gerät kaputt.

Also weiter nach St. Maurice und dort ins Kloster. Aber das war leichter beschlossen als gewandert. Allerdings wurde es jetzt wieder schöner. Erst vorbei an Kirche und Schloss und durch Weinberge, auch mal durch Wald. Die Höhenunterschiede waren nicht groß, aber Weinberge sind halt doch meist Berge und es geht auf und ab. Ich habe Trauben gegessen und wieder viel köstliches Wasser aus den Brunnen getrunken. Wenn das so weiter geht, werde ich noch wassersüchtig. Arme und Kopf habe ich eingetaucht und herrlich gekühlt.

Der Aufstieg nach Autranges war heute das Härteste. Oben habe ich dann eine Frau am Weg einfach gebeten, für mich mit meinem Telefon in der Abtei von St. Maurice anzurufen und mir ein Zimmer zu buchen. Das hat sie ohne Zögern gemacht. Das war etwa um 16.20 Uhr. Vor 19.00 Uhr sollte ich am Kloster sein, sonst ginge nichts mehr. Ich lief also richtig gegen die Uhr, war um 17.30 in Bex und fragte einen Passanten, einen Handwerker, nach dem kürzesten Weg nach St. Maurice. Er setzte mich einfach in sein Auto und fünf Minuten später war ich dort. Ich habe mich sehr bedankt. Um 18.00 Uhr war Messe und ich habe gleich teilgenommen. Etwa ein Dutzend Mönche und der Abt waren im Chor und etwa 30 Leute in der Kirche. Verstanden habe ich kaum etwas, aber schön waren die Wechselgesänge der Mönche.

Danach hat einer der Mönche mir mein Zimmer gezeigt in einem schönen alten Gebäude des Klosters. Es ist klein aber fein und schlicht. Danach bin ich essen gegangen beim Chinesen gegenüber. Das hatte ich mir heute redlich verdient. Zwei Tages-Etappen auf einmal. Und immer noch Durst, auch nach zwei Glas Bier. Ich muss jetzt auch immer nachts Wasser trinken.

Freitag, 14. September 2007, Martigny

Nun habe ich auch mal im Kreis von Mönchen gefrühstückt – und nicht gerade asketisch. Die Dame am Empfang der Abtei führte mich durch gewaltige Hallengänge zum Speisesaal, der Platz für mindestens fünfzig Personen bot. Sie klopfte recht schüchtern an, trat dann zurück und ließ mich vor. Der gleiche Mönch, der mich abends schon betreut hatte, empfing mich. Es waren einige der Mönche schon wieder weg, einige waren noch beim Frühstücken und einige Gedecke waren noch unberührt. Ich bekam meinen Platz angewiesen und wurde bedient: Eine große Schale mit Kaffee, Brot hell und dunkel, Käse, Marmelade, Honig. Ich verabschiedete mich vom Mönch ganz herzlich und sagte ihm, wie gut es sei, solch eine Gastfreundschaft am Weg zu finden.

Von der Dame am Empfang erfuhr ich dann, dass ich bei Augustinern zu Gast war, dass es rund 40 Mönche im Kloster gebe und noch einige auf den Dörfern den Priester-Dienst versehen. Sie hat mir dann die Adresse eines Foto-Studios aus dem Telefonbuch herausgesucht. Ich war nochmals in der schönen großen Kirche, deren Kunstwerke schön und unaufdringlich sind, sogar sehr meditativ.

Im Fotostudio erlebte ich dann eine Überraschung. Eine junge Frau schloss mir auf. Als ich sagte, ich bräuchte fünf oder sechs Color-Prints von Bildern aus meiner Digital-Kamera, um sie per Post an die Redaktion in Deutschland zu senden, bot sie sich an, das per E-mail für mich zu machen. Ich brauchte am Bildschirm nur die sechs Nummern auszuwählen und Minuten später waren die Bilder in Murrhardt. Sie servierte mir nebenbei noch einen Espresso. Und Geld wollte sie keines. Das gibt's auch noch!

Die Wanderung an der Rhone entlang war schön. Sie ist dort, wo sie nicht gerade Strom erzeugen muss, ein formidabler Wildbach, meist nicht mit mehr Wasser als Enz oder Nagold bei Pforzheim, aber es ist ein milchig grünes Gletscherwasser. Ich kam auch auf schmalen, weichen Pfaden durch schöne Wälder, zweimal durch Schutzgebiete und musste immer nur kurze Stücke auf der Straße oder auf Schotterwegen gehen.

Gefallen hat mir der schöne Wasserfall bei Mieville, nicht nur wegen seines drastischen Namens. Er heißt offiziell „Pissevache"! Er sieht in der Tat auch ein wenig so aus.

In Martigny war ich kurz nach 14.oo Uhr. Das Touristenbüro musste ich etwas suchen, denn die Adresse im Führer war falsch. Dort wusste man auch nichts von einer Herberge. Aber die im Führer angegebene Adresse stimmte, ich bekam einen Stadtplan und habe hierher gefunden. Nun warte ich auf Werner und bewache daher mein Telefon. Gut geduscht habe ich schon und Socken gewaschen auch.

Um mich herum gibt es jede Menge hoher Berge. Schnee liegt keiner drauf und die Wettervorhersage für die nächsten Tage ist gut für unser Vorhaben, den Großen Sankt Bernhard zu Fuß zu bewältigen.

Heute Morgen habe ich auch erfahren, dass der Abt von St. Maurice jedes Jahr eine Woche auf der Via Francigena pilgert und so schon Rom erreicht hat. Nächstes Jahr wird er in Richtung Canterbury aufbrechen. Die Mönche sorgen hier auch für die Markierung, die bisher recht gut war. Ich habe auch gefragt, ob viele Pilger den Weg gingen. Man sagte mir, es würden mehr, im Sommer jede Woche ein bis zwei! Es ist also höchst unwahrscheinlich, dass ich andere Pilger treffen werde.

Samstag, 15. September 2007, La Douay/Orsières

Werner, der sich mit dem Auto hierher bringen ließ, hat gestern eine Punktlandung geschafft. Während ich auf seinen Anruf wartete, klopfte es an der Tür und er stand mit seinem Freund davor. Neue Schuhe hat er für mich dabei. Die passen bestens. Sein Freund ist nach einer kurzen Nacht früh wieder zurück gefahren und hat einige von meinen Sachen mitgenommen, zum Beispiel auch meine kaputten Stiefel.

Nach dem Frühstück in der Cafeteria des Campingplatzes ging es erst mal locker los. Aber bald kamen die ersten Aufstiege. Es war schönstes Wetter und wir gingen lange auf der Schattenseite des Tales durch schöne Wälder – oft auch mit schönen Pilzen, an denen ich natürlich vorbei gehen musste. Werner hatte Befürchtungen, er könnte am ersten Tag die 21 Kilometer und rund 450 Meter Höhenmeter nicht schaffen. Ich ließ ihn vorgehen und er ging nicht langsamer, als ich gegangen wäre. Wir haben wieder oft aus einem der vielen Brunnen getrunken und zweimal eine Rast eingelegt und dabei Werners mitgebrachte Vorräte aufgegessen. Wir gingen zum Teil halsbrecherische Wege, die mehrmals durch Geländer oder Ketten gesichert waren. Bei Nässe hätte ich manche Wege nicht gehen mögen. Es ging durch phantastische Felsenmeere mit riesigen Brocken, die zu umgehen oder zu übersteigen nicht einfach war. Wir mussten öfter die Hände zu Hilfe nehmen. Die Aussicht auf die Berge, die Matten, die kleinen Weiler war den ganzen Tag über wunderschön. Kurz vor Orsières sahen wir dann erstmals die Schneeberge am Ende des Tales. Da müssen wir also rauf.

Auf schönen, schmalen und oft steilen Bergpfaden zwischen Martigny und Orsières

Erst in Orsières bemerkte ich, dass die einzige bezahlbare Unterkunft im Dorf vorher, in Douay lag. Wir fuhren also mit der Bahn zurück, die uns den ganzen Tag im Tal begleitet hatte. Das waren nur drei Minuten und SFr 2.50. Aber die waren gut angelegt. Wir sind in einer noblen Gîte, haben ein Doppelzimmer mit Dusche und WC und können gut essen. Den ersten Tag in den neuen Schuhen war ich sehr gut gelaufen.

Noch einige Anmerkungen: In Bourg-le-Martigny waren wir in der Kirche St. Michel, die offenbar nur noch als Aussegnungshalle benützt wird. Erschreckt hat mich im Chorraum das Hauptgemälde von 1937, das einen St. Michael zeigt, der einen am Boden liegenden „Teufel" mit dem Speer tötet – und diese Figur war nichts anderes als ein Schwarzafrikaner mit Hörnern! Was die vielen dunkelhäutigen Menschen, die es hier nun auch gibt, sich dabei wohl denken?

Für uns überraschend war, dass es hier Weinbau bis in sehr hohe Lagen (800 m) gibt und an sehr steilen Hängen. Bewässert werden nicht nur die Weinberge, sondern auch die Wiesen. Überall sind Standrohre an den Wegrändern.

Sonntag, 16. September 2007, Bourg-Saint-Pierre

Wir sind nun in 1632 m Höhe angelangt. Und dies war heute gar nicht besonders schwer. In den Weg waren keine Schikanen eingebaut. Es ging fast immer sanft aber stetig bergauf, am Morgen sogar im Schatten eines Bergwaldes. Nur selten verloren wir wieder etwas von der zuvor gewonnenen Höhe. Lange führte der Weg einen ehemaligen Bewässerungsgraben entlang. Da im Wald habe ich auch angefangen, Pilze zu sammeln. Es gab nicht viele, einige Graukappen, Blutreizker, Stäublinge und einen Champignon. Aber eine große Seltenheit habe ich gefunden, ein Goldblatt. Die Pilze habe ich nun hier im „Maison St. Pierre" gekocht und den Rest Cous-Cous, den ich noch im Rucksack hatte. Dazu gab es Kräutertee vom Wegrand. Das Haus hier ist riesig. Wir haben es ganz für uns. Von den 80 Betten können wir uns zwei aussuchen. Sanitär- und

Aufenthaltsräume gibt es mehrere und eine gut ausgestattete Selbstkocherküche. Am Weg gab es wieder viele Brunnen, zum Teil auch mit großen Becken. Ich hätte am liebsten darin gebadet, habe aber immer nur die Arme und den Kopf darin eingetaucht. Und natürlich getrunken, getrunken…

Montag, 17. September 2007, Col Saint Bernard

Nun ist es doch so gekommen, dass ich wie zu Hause grob geplant, am 17. September auf dem Großen Sankt Bernhard bin. Schön so!

Gestern Abend haben wir uns noch auf einen Erkundungsgang durch Bourg-St.-Pierre begeben. Wir suchten einen Laden, um was für unser Frühstück und Wegproviant zu besorgen. Aber den Dorfladen gab's seit Kurzem nicht mehr. Wie in unseren Dörfern machen die Kleinen dicht, weil die Leute in den großen, weit entfernten Supermärkten einkaufen. So kann man in Bourg nun nur noch einige wenige Sachen an der Theke des Hotels bekommen, zu dem auch der Campingplatz gehört. Wir kauften ein, tranken unser Abendbier und aßen noch eine Kleinigkeit.

Weil wir früh zu Bett gingen, waren wir auch früh auf. Ich habe das bereits bezahlte Brot geholt und wir haben reichlich gefrühstückt. Die Herberge war richtig gut gewesen.

Gleich im Ort mussten wir einen kurzen Aufstieg bewältigen, der uns beiden erst mal in die Knochen ging. Aber bald kamen wir auf die alte Passstraße, die in sanftem Anstieg zum Stausee Toules führte. Es war recht kühl, wir gingen entsprechend flott und bekamen trotzdem kalte Hände.

Oberhalb des Sees waren wir schon bei 1800 m und trafen dort auf eine Ansammlung von Jägern, die wohl so etwas wie eine Treibjagd vorhatten.

Wir waren nun ganz real auf der Route, auf der Napoleon im Jahr 1800 mit seiner Armee von 40 000 Mann über den Pass zog. Das ist in Bourg-Saint-Pierre und am Weg gut dokumentiert. Die Bauern von Bourg mussten ihm die Kanonenrohre in zwei halbierte und ausgehöhlte Baumstämme verpackt mit Maultieren über den verschneiten Pass schleppen. Die Gemeinde hat damals Napoleon eine Rechnung geschrieben, die er persönlich abgezeichnet aber nie bezahlt hat. Die Originaldokumente bewahrt die Gemeinde noch auf. Wir sind den Rest des Tages auf der historischen *Route Napoleon* aufgestiegen, auf der nicht nur Napoleon seine Soldaten über die Berge trieb, sondern die auch die Pilger einst gingen, die dann im Hospiz Unterkunft und Schutz fanden.

Es war eine schöne Bergwanderung allerdings bei immer bewölkter werdendem Himmel. Das hatte schon gestern Abend angefangen und in der Nacht schaute ich mal zum Himmel, ohne einen Stern zu sehen. Am Morgen waren auch die Straßen nass. Unterwegs gab es ganze rostrot gefärbte Hänge mit Preiselbeersträuchern. Einmal sah ich ganz kurz ein Murmeltier.

Unser Härtetest kam in der fünften Stunde unserer Etappe. Da ging es auf historischem Pflaster und einmal sogar römischen Stufen steil bergauf. Wir sahen schon das Hospiz, gerade hatten wir eine kurze Rast in einer Schutzhütte gemacht, als uns von oben eine Gruppe dunkel gekleideter Menschen entgegenkam. Es hatte auch angefangen zu regnen. Als die Leute näher kamen, sahen wir, dass sie zwei Hunde dabei hatten, die aussahen wie Bernhardiner. Die waren echt! Einer trug sogar ein rotes Mäntelchen mit einem weißen Schweizerkreuz.

Wir ließen uns mit denen fotografieren. Danach kamen wir ziemlich erschöpft am Hospiz an und bekamen im Hotel des Hospizes ein Mehrbettzimmer wieder mal für uns.

Einmal am Tag dürfen die Bernhardiner aus dem Zwinger und werden von Betreuern ausgeführt. Sie haben uns freundlich begrüßt.

Wir haben zur Feier des Aufstiegs das preiswerte Tagesmenu gegessen, sind nach dem Duschen etwas gebummelt – viel geht da oben ja nicht – und haben an der Messe der Augustiner-Mönche teilgenommen. Nun haben wir mit unseren letzten Schweizer Franken noch eine Flasche Weißwein aus dem Wallis gekauft und werden, wenn sie leer ist, früh schlafen gehen. Morgen wollen wir früh raus und vielleicht zwei Tagesetappen auf einmal laufen. Mal sehen, wie das Wetter wird. Die lange Hochdruckphase scheint vorbei zu sein.

Dienstag, 18. September, Aosta

Das Wetter wurde erst mal wie befürchtet. Als wir nach dem frühen und reichlichen Frühstück vor die Tür traten, regnete es so, dass wir die Rucksacküberzüge anlegten und die Schirme aufspannten. Und danach ging es erst mal richtig steil bergab. Über Viehweiden und zum Teil auf weich geregnetem, moorigem Boden. Bald ging es aber wieder kurz bergauf und dann zeigte an einer Wegegabelung unsere Markierung mit gelbem Pfeil und F rechts leicht bergab. Aber diese Route war wegen Bauarbeiten gesperrt. Ich ging etwas bergauf, traf auf die Bauarbeiter und erfuhr, dass wir den Weg ruhig gehen können. Es wurde eine wunderschöne Wanderung, immer leicht bergab, auch mal steiler im Zick-Zack. Mal brauchten wir den Schirm, mal konnten wir ihn wegpacken. Zum ersten Mal trug ich auf dieser Reise den Anorak den ganzen Tag über, denn es war auch kühl geworden.

Im kleinen Bergdorf St. Remy ziert das Pilgersymbol der Via Francigena sogar die Laternen

Als wir St. Leonard an der Autobahnraststätte erreichten – vorher hatten wir schon das schöne St. Remy passiert – interpretierten wir einen Satz im Pilgerführer und einen Wegweiser falsch und versuchten durch die Raststätte zu dem Dorf Cerisey zu finden. Aber das ging nicht. Ich fragte in einer Gaststätte nach dem Weg, bekam aber keine vernünftige Auskunft. Aber zwei Kaffee haben wir bestellt und dann gesehen, dass die dort ganz appetitliche Teller mit verschiedenen Schinken servieren. Das haben wir bestellt, denn es war kurz vor 12.00 Uhr. Wir bekamen einen großen Holzteller mit vier verschiedenen Arten von Schinken. Es war so viel, dass wir es kaum aufessen konnten. Und teuer war's auch nicht.

Danach habe ich mir vom Tankwart den richtigen Weg zeigen lassen. Wir mussten etwas zurück und dann an der Kirche steil abwärts. Die Leute hier reden alle noch französisch und ich komme mit den Sprachen total durcheinander. Nach Cerisey trafen wir dann auf einen Weg, der auf und entlang von einem Bewässerungskanal verlief. Und an solchen Kanälen sind wir dann bis kurz vor Aosta, auf der Höhe von Gignod, entlang gegangen. In Etroubles war es noch zu früh, um ein Quartier zu beziehen. Wir hätten dort bei der Kirchengemeinde unterkommen können.

Wir sind weiter gegangen. Schließlich war klar, dass wir bis Aosta mussten. Die Pfade an den Kanälen waren schmal, manchmal auch fahrbare Wege und führten uns ganz sachte abwärts.

Immer wieder hatten wir schöne Ausblicke, vor allem am Nachmittag, als die Sonne durch kam und die Berge oft in gleißendes Licht tauchte. Schneeberge tauchten auf, auch der Gran Paradiso.

Wir hatten den ganzen Tag das Rauschen von Wasser in den Ohren, erst vom Regen, dann von vielen Bächen, später vom Kanal. Die schmalen Kanäle dienen der Versorgung von Beregnungsanlagen für Wiesen, Felder, Obstanlagen an den Hängen.

Der Abstieg nach Gignod von der Höhe des Kanals und dann bis Aosta war hart und ging uns sehr auf die Fußsohlen und die Kniegelenke. Beim Infobüro in Aosta war dann kurz vor 20.oo Uhr sogar noch geöffnet und wir erfuhren, dass das Quartier, das wir angestrebt hatten, wieder weit außerhalb lag. Da ließen wir uns in ein preiswertes Hotel vermitteln. Abendbrot und Frühstück können wir aus dem Rucksack bestreiten. Ich habe schon die Badewanne für ein Muskel-Entspannungsbad benützt und nun sitzen wir beim Bier.

Ein Nachtrag: Kurz vor Aosta pflückten wir die ersten vollreifen Feigen. Äpfel und Birnen gibt es jetzt auch wieder am Weg.

Mittwoch, 19. September Nus im Aosta-Tal

Wir hatten gestern Glück, dass wir schnell vom Pass abstiegen. Heute Morgen sahen wir, dass oben alles verschneit war. Bei der Touristeninformation erfuhren wir, dass kein Bus mehr über den Pass fährt, sondern durch den Tunnel. Wir bekamen Werners Busverbindung für die Rückfahrt ganz problemlos. Danach haben wir noch eine Runde durch die Altstadt von Aosta gedreht. Unser Gepäck hatten wir im Hotel deponiert. Durch das alte Stadttor, durch den Triumphbogen des Augustus aus dem Jahr 25 und über die Römerbrücke, die noch hundert Jahre älter ist, zogen wir aus der Stadt.

Dann ging es erst mal wieder steil bergauf, sehr steil. Aber bald kamen wir wieder auf die Trasse eines Bewässerungskanals, der wir mit kleinen Schlenkern folgen konnten bis oberhalb von Nus. Unterwegs passierten wir das Chateau de Quart, eine der Burgen, von denen aus im Mittelalter das Tal kontrolliert und beherrscht wurde. Es war eine schöne Wanderung auf der Sonnenseite des Tales, die allerdings auch sehr trocken war. Zu Mittag gegessen haben wir mit Knäckebrot und Trauben aus einem verwilderten Weinberg. Äpfel, Birnen, Nüsse und Feigen aßen wir immer wieder nebenbei. Es war heute eine kurze Etappe mit nur 15,5 Kilometern, aber das war auch gut so. Werner litt noch etwas unter den Strapazen von gestern.

Der Abstieg vom Kanal nach Nus war mal wieder heftig. Wir waren gegen 15.oo Uhr im Dorf und bekamen in einem Hotel bequem ein Zimmer. Nun wollen wir heute Abend in einem Restaurant essen, mal was richtig Italienisches.

Donnerstag, 20. September 2007, St. Vincent

Das Essen war gestern Abend überwältigend gut und reichlich, der neue Wein dazu süffig und billig. Wir haben es genossen und sind mehr als satt zu Bett gegangen. Nach einer etwas unruhigen Nacht durch Autolärm und Autofahrer, die selbst in der Nacht ihre Fanfaren tuten lassen, hatten wir ein selbst bereitetes gutes Frühstück und kamen kurz nach 8.oo Uhr weg. Es ging zurück zur Kirche St. Ilario. Dort begann unsere erfolglose Suche nach Wegmarkierungen für die Via Francigena. Selbst den Weiler Roattes, der im Pilgerführer genannt war, suchten wir lange. Ich musste uns einfach durchfragen. Aber ich schaffe das nur mühsam und falle immer wieder ins Französische zurück. Das ist hier zum Glück nicht besonders schlimm. Die Leute verstehen es und antworten oft auch auf Französisch.

Vor dem Ortsschild von Grossaix gab es einen Wegweiser für die Via Francigena, der wohl nur für die Autofahrer war. Trotzdem hätten wir ihm wohl folgen sollen. Der Weg nach Chapey, einem Bauernhof, war zwar in unserem

Führer empfohlen, war aber eine Sackgasse. Den Pfad, der nach Ollieres führen sollte, gab es nicht und wir bekamen von den Bauarbeitern dort auch keine gute Auskunft (die kannten sich wohl selbst nicht aus). Wir stiegen steil nach Marseiller durch Weinberge, Ödland und Wiesen auf, nur um danach wieder nach Chambave absteigen zu müssen. Wir hatten am Weg schon reichlich geerntet. Es gab Nüsse, Feigen, Brombeeren, Birnen, Äpfel, Himbeeren und vor allem Trauben.

Als wir in einen Teilort von Chambave kamen, waren ältere Leute gerade bei der Beerenauslese von Muskattrauben.

Wir bekamen gleich mehrere Trauben geschenkt mit dem Hinweis, sie am nächsten Brunnen zu waschen. Wir haben dann gleich unser Mittags-Picknick vor einem alten Bauernhaus gemacht. Von da an lief es mit dem Weg etwas besser. Laut Pilgerführer hätten wir 1,8 km an der SS 26 entlang gehen sollen. Aber wir fanden einige kleine Alternativen und mussten nicht ganz so lange auf dem sehr schmalen Randstreifen der Straße gehen. Auch wenn wir heute Schwierigkeiten mit der Wegführung hatten, war die Wanderung trotzdem sehr schön. Immer begleitete uns das Rauschen von Wasser in den Bewässerungskanälen. Die Brunnen spendeten uns gutes, kühles Wasser. Es gab fantastische Schluchten mit abenteuerlichen Brücken.

In Chatillon, am Fuße des Felsens, auf dem die Kirche stand – es war wohl auch eine Art von zentralem Platz – sprach uns ein alter Mann mit zahnlosem Mund an. Er wollte wissen, woher wir kommen. Als ich es ihm sagte, offenbarte er sich als ehemaliger Gastarbeiter: „Ich spreche deutsch!“ sagte er. Viel war es nicht, aber er hatte in Berlin gelebt und gearbeitet: „al fine“ – bis zum Ende, sagte er und meinte wohl bis zur Rente. „Ich kenne die Deutschen und die Religion“, sagte er. „Ich bin katholisch“. Ich sagte: „Wir sind protestantisch“. Da verzog sich sein zahnloser Mund zu einer Grimasse. „Wir gehen jetzt trotzdem hoch zur Kirche“, sagte ich. „Oh, protestantisch, calvinistisch“, sagte er. Wir verabschiedeten uns.

Der Weg nach St. Vincent war gut beschrieben. Wir suchten zuerst das Info-Büro und wurden wieder sehr freundlich empfangen und beraten, bekamen ein preiswertes Hotel – so billig wie eine Jugendherberge in Deutschland oder der Schweiz – und wurden auch dort als Pilger begrüßt. Wir haben geduscht, gewaschen, eingekauft, Biere getrunken, unser Abendessen im Zimmer gegessen und rechnen nun mit einer ruhigen Nacht – falls das Wolfsgeheul eines Hundes in der Nachbarschaft aufhört.

Freitag, 21. September 2007, Verres

Das Wolfsgeheul hörte nicht auf. Irgendwann in der Nacht habe ich das Fenster geschlossen, damit wir einigermaßen

Ruhe bekamen. Auch am Morgen hat er wieder geheult und gejammert. Das Tier war wohl die ganze Zeit alleine.

Wir haben erstmals ein italienisches Frühstück genossen, weil es im Zimmerpreis inbegriffen war. Es ist wirklich so bescheiden, wie es mir beschrieben wurde: Hörnchen, Zwieback, ein Stückchen Kuchen, Butter, Marmelade. Nur der Kaffee war richtig gut. Wir gingen dann noch zur Kirche St. Vincent und nahmen an der Morgenmesse teil.

Werner brauchte eine Batterie für seine Uhr, aber die Geschäfte öffnen so spät, dass wir beschlossen, weiter zu gehen. Es ging wieder den Weg hinauf, den wir am Abend abgestiegen waren, und wieder an einem Bewässerungskanal entlang.

Nach dem Dorf Cillian begann dann wieder eine Serie von Irrwegen und Missverständnissen mit dem Pilgerführer. Wir fanden auch das Dörfchen Feilley, aber an dessen Ende sollten wir mal wieder einen zugewachsenen Pfad finden. Den fanden wir nicht, aber eine Piste, die in die gleiche Richtung ging. Der Bewohner des letzten Hauses holte sogar einen Katasterplan, um uns den Weg, später Pfad, zu erklären. Auch beim nächsten Haus sah uns der Bewohner kommen und beriet uns. Er erzählte auch, dass letzte Woche schon mal zwei Deutsche da waren, die nach Rom wollten.

Wir haben das Dorf Chenal, zu dem wir sollten, trotzdem nicht gefunden, aber später wieder auf die Richtung Balmas führende Straße. Damit hatten wir den Anschluss wieder. Bei dieser Suche haben uns drei Hunde begleitet, zwei kleine und ein großer. Sie folgten uns, als wir an einem einzeln stehenden Haus vorbei kamen. Auf den Landstraßen liefen sie kreuz und quer und stoppten fast die Autos. Schließlich habe ich sie zurück geschickt, indem ich sie angebrüllt und mit dem Stock bedroht habe. Sie haben uns noch eine Weile nachgeschaut und haben dann umgedreht.

Lange begleiteten uns drei Hunde

Und dann kam eine schöne Wanderung durch den winzigen Weiler Balmas und den etwas größeren Toffe. Dort haben wir im Schatten schöner alter Häuschen gerastet und unser Mittagessen mit klarem Wasser aus dem Brunnen runter gespült.

Es ging dann hinunter ins Tal, über den wenig Wasser führenden Fluss Dora Baltea und weitgehend am Fluss entlang bis Verres. Wir sind durch das schöne Städtchen gegangen, in dessen engen Gassen man ständig den Autos ausweichen muss. Nachdem wir in der Kirche gewesen waren, ließen wir uns den Weg zur Herberge zeigen und sind nun vorerst wieder die einzigen Gäste, werden Abendessen und Frühstück bekommen und sind nun wieder preiswert versorgt.

Samstag, 22. September 2007, Pont-Saint-Martin

Bis zum Abendessen hatten wir gestern noch reichlich Zeit und vorher schon Hunger. Wir gingen nochmals ins Städtchen, kauften uns Pizzastücke und ein Bier, wurden auf der Straße von einem weißbärtigen alten Mann auf unsere weißen Bärte angesprochen. Er sei 77 und Urgroßvater, erzählte er uns. Und er wollte wissen, wie alt wir seien. Dass wir die Via Francigena gehen, dass ich bis Rom will und aus Deutschland zu Fuß hierher gekommen bin, löst mal Erstaunen, mal Bewunderung aus.

Wir hatten zur Pasta, die es zum Abendessen gab, einen frischen Rotwein und sind satt und zufrieden schlafen gegangen. Das Frühstück war wieder italienisch leicht. Aber wir brauchten anfangs auch nicht viel Kraft für den Weg, denn es ging lange im Tal entlang.

Eine Überraschung war, dass wir in dem Weiler Barma tatsächlich mal wieder zwei gelbe F mit Pfeil fanden. Das waren die ersten und (vorläufig) letzten seit Nus. Die Kirche von Arnad habe ich von weitem fotografiert und dann haben wir einen unfreiwilligen aber schönen Umweg durch das alte Dorf gemacht.

Unten am Fluss war es dann wieder sehr schön. Bei Hône haben wir bei einem Wegkreuz mit der Inschrift „In hoc signum vinces" (in diesem Zeichen siege) Rast gemacht und ich konnte mal wieder den Pilgerheiligen St. Rochus fotografieren.

Danach kamen wir zu der beeindruckenden Festung „Bard", die wir schon lange gesehen hatten. Wir haben uns Zeit für eine Besichtigung und das Alpenmuseum gelassen, sind mit den gläsernen Aufzügen rauf und runter gefahren. Das Museum war fast nur Multivision in zahlreichen Räumen der alten Festung. Mir ist von den vielen Filmen und der Musik der Kopf ganz rammdösig geworden.

Und dann geschah noch ein Wunder: Ich fand in einem Laden eine gute Karte der Region im Maßstab 1:50 tausend. Allerdings ohne dass die Via Francigena eingezeichnet war. Aber nun kann ich wenigstens die Irrwege der letzten Tage lokalisieren.

Die beeindruckende Festung „Bard“

Zwischen Bard und Donnas kamen wir auf die alte Römerstraße mit Pflasterung und Spurrinnen in den Felsen

Da wird gerade restauriert und wir mussten Bauzäune überklettern. Aber dann kamen noch zweimal Aufstiege, die uns von der Nationalstraße weg und hoch in die Weinberge und Kastanienwälder führten. Das war schwer aber schön mit tollen Ausblicken auf Pont-Saint-Martin. Am Weiler Roc, hoch über St. Martin tauchte ich mal wieder meine Arme in ein Brunnenbecken, um sie zu kühlen. Aber das Wasser war lauwarm. Da sahen wir, dass zwei Rohre dem Brunnen Wasser spendeten, eines mit kaltem und eines mit warmem Wasser. Das läuft hier einfach so aus dem Berg. Wie schon gewohnt, gab es am Schluss wieder einen steilen Abstieg.

Die alte Römerbrücke über den Fluss Lys war beeindruckend. Wir fragten uns zum Info-Büro durch, das zurück in der Richtung lag, aus der wir hätten kommen können, wären wir auf der Nationalstraße geblieben. Und zu dem preiswerten Hotel durften wir dann wieder alles zurück in der Gegenrichtung gehen. Aber das liegt nun wenigstens an dem Weg, den ich morgen gehen muss.Wir haben im Hotel gleich wieder gewaschen und geduscht und vor allem die Sachen getauscht, die Werner mir zurück lässt oder die er mit nach Hause nehmen muss. Wo der Bahnhof liegt, wissen wir auch schon und den Fahrplan bis Martigny hat er.

Sonntag, 23. September 2007, Ivrea

Kein guter Tag heute. Von Werner habe ich mich heute Morgen verabschiedet. Vorher habe ich noch den Fahrscheinautomat so falsch verstanden, dass er fünf statt einer Fahrkarte nach Aosta ausspuckte. Habe mich richtig geärgert. War zwar nicht viel Geld, aber trotzdem schade. Der Weg war einfach, fast immer eben, nur vor Ivrea ein kurzer Anstieg zu zwei Kapellen, die dann auch noch verschlossen waren. In der Kirche beim Torre Daniele (Danielsturm) war gerade Gottesdienst, als ich vorbei kam.

Ein Symbol für die Kirche der Zukunft – äußere Formen am Zerfallen, aber noch oben offen?

Aber ich wollte nicht stören, indem ich da mit Rucksack einlaufe. Jetzt kommt mein Problem mit der italienischen Sprache voll zur Geltung. In Cresnola wollte eine alte Frau mit mir reden, aber ich konnte wenig verstehen und antworten, eben dass ich nach Rom gehe und das zu Fuß. Sie hat mir erklärt, dass sie gestern die Trauben für den Barbera geerntet haben und dass die Maische jetzt in den Stahltanks unter dem Torbogen ihres Hauses gärt. Ich habe auch wieder zu meinem Mittagspicknick Trauben gegessen.

Vor Ivrea kam ich noch am Lago Pistono vorbei und an dem Schloss Castello di San Giuseppe. Das große Anwesen der Salesianer habe ich gleich gefunden. Es ist eine riesige, gut gepflegte Ferien- oder Tagungsstätte, sehr neu und aufwendig. Billig ist es deshalb auch nicht, nur ganz knapp unter Hotel-Niveau. Ich habe mal wieder vier Betten für mich. Aber die Sanitärräume sind sehr gut. Ich muss meine Notration aufessen, denn im Haus gibt's nichts. Restaurant und Cafeteria sind sonntags geschlossen.

Eben hat Maria angerufen und ich habe ihr sagen können, dass es mir gerade nicht gut geht, weil Werner weg ist, ich mich allein fühle und mit niemandem reden kann.

Probleme hatte ich auch mit dem Bancomat. Erst habe ich keinen gefunden, denn wenn ich gefragt habe, bekam ich derart schnelle Erklärungen, die ich nicht oder falsch verstand, dass ich sinnlos durch Straßen und Gassen lief. Dann gab es endlich einen Italiener, dessen Englisch mir weiter half. Aber der Bancomat funktionierte dann nicht und ich musste weiter suchen. Zum Glück fand ich doch noch so ein Gerät, das mir mein Geld ausspuckte. Aber schnell muss man sein. Man hat immer nur 30 Sekunden Zeit, die Karte oder das Geld zu entnehmen. Die Italiener sind wohl schneller als wir.

Montag, 24. September 2007, Santhia

Das können heute knapp 40 Kilometer gewesen sein. Schön war davon kaum einer. Weil ich wusste, dass ich viel vorhabe, war ich pünktlich um 7.30 Uhr beim Frühstück, das wie üblich italienisch bescheiden war. Dass man so einen Tag beginnen kann, werde ich nie verstehen.

Gestern hatte ich einen deutschen Supermarkt entdeckt und hoffte, bei ihm einen Pumpernickel kaufen zu können, wie das einst in Spanien möglich war. Aber der öffnete erst um 8.30 Uhr und ich stand eine halbe Stunde eher davor. Ach, woanders würde ich auch einkaufen können. Ich ging weiter.

Die nächste Überraschung war, dass die Autorin des Pilgerführers Ost mit West verwechselte. Wäre ich ihr gefolgt, wäre ich wieder in der Altstadt gelandet. Autoren von Wanderführern sollten rechts und links und die Himmelsrichtungen auseinander halten können. Dass sie das nicht kann, hat mich am Nachmittag einige Kilometer Umweg gekostet. Aber erst ging es mal gegen den in die Stadt strömenden Verkehr auswärts. An einer Panetteria habe ich es geschafft, zwei Vollkornbrötchen und eingeschweißten Schinken zu kaufen. Dann ging es durch grässliche Agrarsteppen bis Bollengo. Dort traf ich am

Friedhof auf das originellste mir bekannte Kriegerdenkmal: An der Allee zum Friedhof hat jeder Tote seine eigene kleine Säule mit emailliertem Foto.

Die kleine Stadt Ropollo wirbt an der Straße groß für die Via Francigena

Danach wurde es landschaftlich wieder etwas schöner. Es gab wieder Weinberge und Leute beim Herbsten und ich konnte wieder Trauben pflücken, waschen und essen. In Piverone kam ich an den See und nach Viverone habe ich ihn verlassen. Die Touristenanlagen am See waren geschlossen. Nur an einem Kiosk bekam ich Mineralwasser und einen Espresso. Vor dem Teilort Comuna war wohl wieder eine rechts-links-Verwechslung im Führer. Ich ging wie angegeben links, kam an einem Hof mit mehr als einem Dutzend wütend kläffender Hunde vorbei und erfuhr von einem Bauern, dass ich einen großen Umweg laufe. Aber zurück war auch nicht sinnvoll.

Ich kam hoch nach Ropollo, wo an einem Kreisverkehr eine große Werbung für die Via Francigena stand (eine ordentliche Markierung wäre sinnvoller), ging bis Cavaglia auf der Strada Statiale und musste feststellen, dass die Straße, die ich nehmen wollte, zwei verschiedene Nummern hatte, mal 593, mal 595. Was wirklich gilt, blieb mir unklar. Ich habe gefragt und habe den Anschluss an die Wegbeschreibung wieder gefunden. Aber hässlicher als das, was nun folgte, geht es kaum noch. Zwischen gewaltigen Kiesgruben mit lärmenden Maschinen und Kieslastern und Betonmischern musste ich mehr als drei Kilometer geradeaus in Staub und Dreck wandern. Dann ging es noch auf einer schnurgeraden Straße über die Autobahn und in eine Stadt, deren Reize ich noch entdecken muss. Vielleicht gibt es auch keine. Ich habe mich mühsam zu einem Hotel durchgefragt und den hohen, für Pilger schon ermäßigten Preis von 40 € akzeptiert. Bei der Anmeldung habe ich mir zwei Flaschen Bier geben lassen, über deren Größe ich gestaunt habe: 660 ml. Bisher war ich 200 ml gewohnt. Aber das hat gezischt. Die Zeit der herrlichen Brunnen am Wegrand scheint vorbei zu sein. Das Wasser in den Trinkflaschen wird warm und seicht.

Heute habe ich auch mal wieder über die Unterschiede im Verhalten der Menschen am Weg nachgedacht. Da fällt schon einiges auf. In der deutschsprachigen Schweiz hielten die Autofahrer am Zebrastreifen immer an und fuhren erst weiter, wenn man über der Straße war. Man fühlte sich fast gezwungen rüber zu gehen, auch wenn man sich noch gar nicht sicher war, ob man rüber wollte. Das änderte sich an der Sprachgrenze zur welschen Schweiz. Da hielten die Autofahrer nur, wenn man ihnen deutlich zeigte, dass man rüber wollte. Hier in Italien bin ich ständig auf der Flucht vor den Autos, vor allem in engen Dorfstraßen und Innenstädten, und den Weg über die Straße muss man sich richtig erzwingen und es ist ziemlich gleichgültig, ob es da einen Überweg gibt oder nicht.

In der Schweiz, egal ob deutsch- oder französischsprachig, gab es an allen Wegen, an den Wiesen und Feldern die Kästen mit den Plastiktüten für die Hundekacke und dazu Schilder mit dem Dank für saubere Wiesen.

In der Schweiz, die wohl auch kein Flaschenpfand hat, gab es überall Sammelbehälter für die PET-Flaschen, hier in Italien „zieren“ tausende von Flaschen die Wegränder. Hier wird auch Abfall einfach hinter den Hotels oder im Garten verbrannt. Und der Hundekacke muss man auf den Wegen am Stadtrand wieder im Zick-Zack ausweichen.

Aber freundlich sind bisher alle am Weg gewesen. Manchmal grüßen nicht nur Passanten und Radfahrer, sondern auch die LKW-Fahrer. Wenn ich auf meinen Weg angesprochen werde, ernte ich stets Respekt oder Bewunderung. Aber manchmal habe ich auch das Gefühl, dass sie mich für leicht spinnert halten. Übrigens ist es hier in Italien in den kleinen Orten kaum noch möglich, in eine Kirche zu kommen, während sie in den Städten durchweg offen sind. Oft sind die Dorfkirchen verschlossen, manche auch am Verfallen und andere wieder unglaublich pompös.

Weil das Wandern oder Pilgern hier in der Ebene wirklich keinen Spaß macht, will ich morgen mit der Bahn nach Pavia fahren. Dann schaffe ich es auch vielleicht, am 10. Oktober in Lucca zu sein und dort mit Gisela zusammen zu treffen. Aber ab Pavia will ich dann wieder zu Fuß weitergehen und mit dem Boot über den Po.

Noch was zu meinen Irrungen und Wirrungen: Nicht nur die Fernstraßen sind unterschiedlich oder auch gar nicht nummeriert. Es gibt oft auch keine Entfernungsangaben. Auch in den Dörfern und Städten muss ich die Namen der Straßen oft lange und manchmal erfolglos suchen. Vom Stadteingang her tragen die großen und breiten Straßen, die zum Zentrum führen, ihren Namen erst, wenn man im Zentrum angekommen ist. Wissen sollte man es aber schon lange vorher. Jede Seitenstraße hat ihren Namen, die Hauptstraße nicht. Laut Pilgerführer muss man sich aber an den Hauptstraßen orientieren. Manchmal finde ich den Namen dann doch, wenn er winzig klein unter der Hausnummer der Gebäude steht. Im Zentrum, an den großen Plätzen gibt es dann schöne, gravierte, alte Marmortafeln. Wenn ich also aus der Stadt raus will, kann ich mich gut orientieren, aber von außen kommend, habe ich fast immer Probleme.

Dienstag, 25. September 2007, Pavia

Heute habe ich es geschafft, innerhalb von zwei Stunden fünf Tagesetappen von insgesamt 95 Kilometer zurück zu legen und zwischendurch noch nach Mailand zu kommen. Ich bin eben mit dem Zug gefahren. Zum Frühstück bekam ich guten Orangensaft und kräftigen Kaffee und sogar ein wenig Vollkornbrot aus Deutschland. Den Bahnhof fand ich schnell und ohne zu fragen, doch beim Fahrkartenkauf hatte ich wieder Sprachprobleme. Ich konnte nicht verstehen, warum ich den Umweg über Mailand nehmen sollte, wo es nach meiner Landkarte doch eine kürzere, direkte Bahnverbindung gab. Ich habe dann einfach akzeptiert. Teuer war es ja nicht. Ich bin also durch die goldfarbenen Reisfelder rund um Vercelli gefahren, in Mailand kompliziert umgestiegen (Es gab drei Züge mit der gleichen Abfahrtszeit, Zugnummern waren nicht angegeben und bei meinem Zug funktionierte die Anzeigentafel wohl nicht. Woher sollte ich wissen, dass ich in den Zug nach Nizza einsteigen muss, wenn ich nach Pavia will?) Zum Glück hatte ich 20 Minuten Zeit, um mich zu orientieren.

In Pavia war ich kurz nach 11.30 Uhr, fand relativ schnell das Touristenbüro und dort eine freundliche Frau, die deutsch konnte (bisher waren das immer die Frauen), die für mich telefonierte und bei der Caritas ein Bett für mich fand. Sie telefonierte auf ihrem Mobiltelefon, denn das Büro zog gerade um und das Festnetz war schon abgeschaltet. So gut, wie es dann kam, wollte ich es gar nicht haben. Ich habe auf Spendenbasis ein Zimmer mit zwei Betten und Sanitärraum.

Ich habe mich nicht sehr gut gefühlt, habe gegessen, was ich noch im Rucksack hatte – Ölsardinen und Zwieback – und viel Wasser getrunken. Ich kann eimerweise Wasser trinken und habe immer noch Durst. (Die zwei Biere gestern waren übrigens teuer: 8,-- €!)

Abendstimmung am Ticino in Pavia

Dann ging ich in die Stadt, ruhte auf einer Parkbank, wartete bis das Fotogeschäft öffnete, hatte in kurzer Zeit meine Bilder für die Zeitung, kaufte im Supermarkt ein und machte mir ein kräftiges Abendessen mit einem halben Liter Tafelwein dazu. In der Kirche „San Piedro in Ciel d'Oro", wo der Kirchenvater Augustin begraben liegt, war ich auch.

Ich ging aber bald wieder, denn in einem Seitenschiff nahm ein Priester gerade die Beichte ab. Am Fluss Ticino bin ich noch spazieren gegangen, werde nun noch die Texte zu den Bildern schreiben und morgen früh, wenn das Haus um 8.00 Uhr wieder öffnet, über den Corso Garibaldi weiter ziehen. In Santa Christina nach 26 Kilometern soll es wieder eine kirchliche Herberge geben. Vielleicht telefoniert der Mensch am Empfang für mich. Das wäre optimal.

Mittwoch, 26. September 2007, Santa Christina

Was gestern Abend mit mir los war, weiß ich nicht so richtig. Ich habe spät geduscht, denn Schweiß musste ich mir nicht vom Körper waschen. Ich habe den Wegverlauf für heute nachgelesen. Es würde einfach werden. Das war mir klar. Es gibt praktisch keine Höhenunterschiede. Pavia liegt auf 77 m Höhe und Santa Christina auf 71 m. Was sind schon 6 Meter verteilt auf 28 Kilometer?

Ich bin bis gegen 01.00 Uhr immer wieder aufgewacht. Das Zimmer war hell, weil vor meinem Fenster eine mächtige Straßenbeleuchtung war. Schließlich bin ich auf die Heizung geklettert, habe an dem hohen Fenster eine Wolldecke befestigt und bekam es so ein wenig dunkler. Zwischendurch habe ich mir immer wieder italienische Sätze zurecht gelegt, die ich heute vielleicht gebraucht hätte. Ich habe sie erst mal nicht gebraucht, denn der Mann im Caritas-Büro, der heute Dienst hatte, konnte französisch. Er hat tatsächlich für mich telefoniert und das Quartier für heute gebucht. Und Geld wollte er auch keines für das Zimmer. Pilger schlafen hier kostenlos!

Schließlich habe ich mich gestern Abend richtig gezwungen, einzuschlafen. Entsprechend spät bin ich aufgewacht. Es war schon kurz nach 8.00 Uhr. So schnell habe ich schon lange nicht mehr gefrühstückt und gepackt. Die Fotos habe ich noch zur Post gebracht, danach meinen Rucksack aus dem Quartier geholt und raus ging es aus der Stadt.

Ich lief wieder gegen den in die Stadt strömenden gewaltigen Verkehr. Wo diese Autos alle in den engen Gassen verschwinden sollen, ist mir nicht klar. Und dann kam eine Überraschung: In Verzuola stieß ich wieder auf Wegmarkierungen. Viele waren es nicht, aber sie waren eben doch ein Hoffnungsschimmer. Am Rande der Stadt grüßte mich ein älterer Mann und erzählte, gestern seien auch zwei Pilger vorbei gekommen. Ob das die beiden Deutschen sind, von denen ich vor Tagen hörte? Weil ich gefahren bin, könnte ich sie eingeholt haben.

Außerhalb der Stadt wurde es wieder richtig hässlich. Es gab Sandgruben und LKWs, die mächtig Staub aufwirbelten. Es war mal wie im Sandsturm. Aber dann kam ich auf Felder, auch Reisfelder, die zum Teil schon abgeerntet waren. Die reifen Felder sahen in ihrem grün-goldenen Schimmer richtig schön aus.

Grün-golden schimmernde Reisfelder bestimmen weithin die Po-Ebene

Wandmalereien und eine Jakobusstatue in San Giacomo

Um die Mittagszeit war ich in San Giacomo (St. Jakob). In diesem winzigen Ort gibt es eine äußerlich unscheinbare alte Kirche, dazu einen großen Bauernhof, daneben einen Pferdehof, sonst nicht viel – ja eben noch eine geschlossene Trattoria. Aber da wollte ich eh nicht hin. Mein Proviant war noch reichlich. Ich suchte nach einem Platz, wo ich sitzen und essen konnte.

Da kam der Reitlehrer, der einsam seine Runden auf einem Gaul drehte und lud mich ein, auf der Terrasse seines Hofes zu sitzen, brachte mir eine Flasche Mineralwasser und sagte mir noch, wo ich den Schlüssel zur Kirche bekäme. Das war ein guter Tipp. Es ist eine schlichte Basilika mit waagrechter Holzdecke und schönen alten Fresken an den Wänden – und mit einer Jakobusstatue.

Ich ging weiter, die Wegbeschreibung war gut und ab und zu gab es Markierungen. In Corteolona ging ich in die Kirche. Die Mesnerin war am Arbeiten und fragte mich, ob ich einen Stempel haben wolle. Den nahm ich gern. Danach sollten es nur noch drei Kilometer bis Santa Christina sein. Ich folgte erst mal der Wegbeschreibung. Es ging raus aus dem Städtchen auf einer Piste. Ein Bauer, der mir auf dem Traktor entgegenkam, hielt an, fragte nach dem Woher und Wohin und erklärte mir was zum Weg, das ich nur halb verstand. Ich hätte nachfragen sollen. An der nächsten Kreuzung, die in meiner Wegbeschreibung gar nicht vorkam, war ich ratlos, lief her und hin und schließlich nach rechts, auf den nächsten Kirchturm zu. Ich kam in ein Städtchen, dachte es sei Santa Christina, stand plötzlich auf einer Piazza mit einem Brunnen, wie ich heute schon mal einen gesehen hatte. Ich war im Kreis gelaufen und wieder an der Kirche von Corteolona.

Ich probierte es nicht noch einmal auf dem Pilgerweg, fragte mich zur Überlandstraße durch und lief an der viel befahrenen Straße entlang. Das war lebensgefährlich. Vor Corteolona hatte ich das auch schon erlebt, aber jetzt regnete es auch noch. Mein Schirm war seit Tagen mal wieder hilfreich. Seit dem Abstieg vom Pass hatte ich ihn nicht mehr gebraucht. In Santa Christina fand ich das Pfarramt ganz alleine. Auf mein Klingeln öffnete niemand, aber von hinten kam ein Mann mit einer Einkaufstüte. Das war der Priester. Und nun habe ich ein Zimmer im Gemeindehaus, konnte kochen und habe prompt mehr gekocht, als ich essen kann. Unten ist das örtliche Jugendzentrum und viele Sport-Trophäen zeigen, dass der Priester eine intensive Jugendarbeit betreibt. Hier gefällt es mir richtig. Morgen werde ich zum Frühstück meine Reste von heute aufessen. So gibt es dann halt das Mittagessen schon am Morgen.

Donnerstag, 27. September 2007, Soprarivo am Po

„Fährmann hol über!" – Ich wusste aus dem Pilgerführer, dass es einen privaten Fährdienst für Pilger über den Po gibt. Deshalb habe ich heute Morgen Don Antonio gebeten, dem Fährmann telefonisch Bescheid zu geben, dass er mich übersetzen soll. Ich musste sagen, wann ich am Ufer bei einem Denkstein stehen würde, der an die Überfahrt von Erzbischof Sigeric im Jahr 990 erinnert. Ich schätzte die Strecke ab und nannte 16.oo Uhr. Das habe ich ganz locker geschafft, denn es war halt topfeben. Da kann man die Kiespisten und Feldwege flott abmarschieren. Zwei- oder dreimal musste ich den Schirm aufspannen, aber nie lange. An der Staatsstraße musste ich zweimal kurz entlang gehen, einmal vor und einmal hinter der Leitplanke. Letzteres war mir deutlich angenehmer. Schon vor 12.oo Uhr habe ich Rast gemacht vor einer verschlossenen Kirche, saß auf den Steinstufen des Portals und aß und trank ein wenig. In Orio Litta war ich so früh, dass ich in eine Trattoria ging, mir eine Pasta bestellte und ein Viertel Rotwein und danach einen Kaffee.

Danach lief ich zwei Kilometer zum großen Fluss Po! Die Anlegestelle fand ich schnell, musste aber eine Stunde warten. In der Zeit erzählte mir ein Angler, dass der Po schon Hochwasser bis 50 cm unter die Dammkrone hatte. Er wollte wissen, ob ich den Fährmann Danilo Parisi angerufen hätte. Ich verstehe nun so allmählich, was die Leute auf mich einreden. Wenn ich allerdings bitte, dass sie langsam reden sollen, reden sie meist nur lauter.

Der Fährmann Danilo Parisi am Denkstein für die Überfahrt des Erzbischofs Sigeric im Jahr 990 n. Chr.

Überall am Weg gibt es Schilder, mit denen das Jagen reguliert wird, die es entweder verbieten oder einer Jagdgesellschaft reservieren. Wild sah ich noch kaum, mal einige Fasane, ein oder zwei Fischreiher, ein paar Enten und Blässhühner, die in den Bewässerungskanälen leben – allerdings auch mal eine tote Wasserratte. Heute sah ich nun auch mal einen Jäger. Da stand ein Auto am Straßenrand und zwischen Auto und Hecke stand ein Mann, von dem ich erst annahm, er sei am Pinkeln. Aber er hatte eine Flinte halb im Anschlag und starrte regungslos über die Felder. Ich konnte mir erst nicht vorstellen, worauf er lauerte. Dann sah ich einen großen Vogelschwarm, wohl Stare, auf dem Zug gen Süden.

Beim Warten auf das Boot ging mir noch einiges durch den Kopf, was ich in der trostlosen Ebene noch gesehen hatte, zum Beispiel die Schilder, die das Schuttabladen verbieten oder dazu auffordern, die Natur zu schonen. Aber die helfen wohl nicht viel. Wenn es hier ein Pfand auf Dosen und Flaschen gäbe, könnte ich meine Reise locker mit dem Sammeln von Flaschen finanzieren und jeden Tag fürstlich essen gehen. Wenn die Bankette der Straßen gemäht oder gemulcht werden, wird der Unrat einfach zerfetzt und die Fetzen bleiben liegen. Dass ich am Wegrand Müllsäcke, Autoreifen, Bücherregale, Bettroste, Matratzen, Gartenschläuche und noch vieles mehr sah, erinnert doch deutlich an den Nordweg in Spanien. Einmal schwamm sogar ein ganzer Polstersessel in einem Bewässerungskanal.

Aber jetzt das Positive. Der Angler kündigte mir an: Danilo kommt! Ich ging zum Landesteg und da kam ein Boot den Fluss herauf gejagt mit Mann und Hund an Bord. Ich wurde freundlichst begrüßt – von beiden. Das Boot trägt den Namen des Erzbischofs Sigerico = Sigeric, auf dessen Wegbeschreibung vom Jahr 990 auch die heutige Wegführung beruht. Und dann jagte Danilo das Boot in einem Tempo den Fluss hinab, wie ich das nur vor ganz langer Zeit – 1972 – in Bangla Desh auf dem Brahmaputra erlebt hatte. In Danilos Haus am anderen Ufer dürfen Pilger auch übernachten. So sitze ich nun in einem schönen alten Haus an einem mächtigen alten Holztisch, hinter mir ein großer Kamin, neben mir ein alter Tonofen und rund um mich herum schöne, alte Möbel. Zu den Kuriositäten, die mich hier umgeben, gehört auch eine Schwarzwälder Kuckucksuhr. Ich bekam schon einen Tee, „musste" duschen, obwohl ich heute nicht mal das Bedürfnis danach hatte, denn es war kalt geworden – „fa freddo" heißt das auf Italienisch. Meine praktische Begabung durfte ich auch schon ausleben. Danilo wollte an der Haustüre ein neues Sicherheitsschloss montieren und bekam den Zylinder nicht ins Schloss. Er bat mich zu helfen, und ich hab's geschafft.

Danilo zeigt stolz die Zeitungsausschnitte, die seine Aktivitäten für die Via Francigena dokumentieren. Seit 1998 kommen wieder Pilger und es werden mehr. Gestern waren bei ihm zwei Schweizer.

Übrigens: Beim Warten im Restaurant und am Fluss habe ich meinen dritten Bericht für die Murrhardter Zeitung entworfen. Nun brauche ich morgen in Piacenza ein Internet-Café.

Freitag, 28. September 2007, Fiorenzuola

Danilo hat gestern Abend für mich und sich das Abendessen serviert. In der Zeit kam auch seine Frau mit seinem fünfjährigen Sohn ins Haus. Das Kind ist wohl ein Spätgeborener, denn Danilo sagte mir, er sei 54 Jahre alt. Danilo hat fleißig versucht, mit mir Konversation zu machen. Etwas davon habe ich auch verstanden und auch erklären können, dass ich Großvater von sieben Enkeln bin. Das altkluge Kind hat mich Vokabeln in Deutsch abgefragt: Was heißt agua, vino usw. auf Deutsch. Derweil haben wir eine gute Pasta gegessen mit einem Wein vom benachbarten Hügel (vielleicht 5 m Höhenunterschied), danach gab es eine Schinkenplatte und Pecorino-Käse, der köstlich schmeckte.

Ich solle meine Tür gut schließen, meinte Danilo, sonst käme der Hund, der wieder an mich ran schmuste, zu mir ins Bett. Das habe ich auch gemacht, aber am Morgen war mein Schlafsack außen trotzdem voller Hunde- oder Katzenhaare. Die lieben Tiere schlafen wohl öfter im Gästebett.

Beim Frühstück hat mir Danilo dann noch wortreich den Weg erklärt und dass der Fluss Trebbia kein Wasser habe und ich die Furt benützen könne, um abzukürzen. Das habe ich dann auch gemacht, allerdings mit einem kleinen Umweg auf der Suche nach dem richtigen Einstieg in das weite, kiesige Flussbett. Wasser gab es nur in den Pfützen auf dem Weg vom Regen in der Nacht. Am Morgen kam die Sonne wieder durch. Ich ging nie auf der Staatsstraße, sondern stets auf kleinen Provinzstraßen, die ab und zu sogar einen breiten Randstreifen für Fußgänger oder Radfahrer hatten. Heute kam ich auch mal an Sojafeldern vorbei. Auch war die Agrarsteppe etwas weniger trostlos – lag's am Sonnenschein? Und im Süden wurden wieder Berge sichtbar.

Hat der Fluss Trebbia kein Wasser, führt eine Abkürzung des Pilgerweges als Furt durch das weite Flussbett

Nach Piacenza fand ich gut hinein, fand auch gleich das Touristenbüro, bekam einen Stadtführer mit Plan und wollte in die Franziskuskirche und den Dom. Beide waren über Mittag bis 15.oo bzw. 16.oo Uhr geschlossen. So bin ich durch die Stadt gelaufen, habe ein wenig fotografiert und wurde auf dem Markt fotografiert und ausgefragt.

Den Bahnhof fand ich schnell, der Fahrkartenkauf klappte reibungslos und ein Zug nach Fiorenzuola stand schon auf dem Gleis. Bahn fahren ist hier super billig. Die 22 Kilometer, die ich sonst ausschließlich auf der Staatsstraße hätte gehen müssen, kosteten gerade mal € 2.20! Das sind 10 Cent pro Kilometer. Auch in Fiorenzuola fand ich mich schnell zurecht. Ich gehe halt immer auf den größten Kirchturm zu. Daneben gab es das Pfarrbüro. Aber es war Siesta. Ich setzte mich gegenüber vor ein Café und als ein Herr in dunklem Anzug auf das Pfarrbüro zuging, sprach ich ihn an. Und richtig, es war Don Gianni. Als ich ihn nach einem Internet-Café fragte, ließ er mich an seinen PC und ich durfte meinen Text absetzen. Im benachbarten Caritas-Heim habe ich nun wieder alles, was ich brauche, habe schon gekocht und gegessen und genieße den billigen Wein (0,75 l für 1.50), den ich beim Erzeuger auf dem Markt gekauft habe.

In meinem Pilgerführer folgen nun Etappen mit 19 und 14 Kilometer. Da beide noch in der Ebene sind, versuche ich, sie an einem Tag zu laufen. Am Ziel gibt es dann wieder ein Ostello.

Samstag, 29. September 2007. Costamezzana

Die Ebene liegt hinter mir und ich habe zwei Etappen an einem Tag geschafft. Es gab auch in der Wegbeschreibung kaum Probleme, nur einmal Osten mit Westen verwechselt und zweimal rechts mit links. Aber das eine war durch die Straßenwegweiser klar und rechts/links konnte ich erfragen, weil ich inzwischen misstrauisch geworden bin. Am Anfang musste ich mich auch ein wenig aus Fiorenzuola raus fragen, was aber sehr leicht war. Dann kamen Teersträßchen und Pisten bis Chiaravalle della Colomba. Das ist ein noch aktives Zisterzienser-Kloster, das Bernhard von Clairvaux selbst gegründet hatte. Clairvaux und Chiaravalle haben die gleiche Bedeutung: Helles Tal oder klares Tal. Es war die Mühe des Weges durch die Ebene wert: Eine sehr schöne und angemessen schlichte Kirche und ein wunderschöner Kreuzgang, dem in Maulbronn durchaus vergleichbar, nur dass der Brunnen fehlte.

Kreuzgang in Chiaravalle della Colomba

In der Klosterkirche wurde gerade eine Hochzeit vorbereitet, offensichtlich mit viel Pomp. Vor dem Kloster wurden Tische für Buffet und Sektempfang aufgebaut. Der ganze kleine Ort samt Kloster war gut auf den Tourismus eingestellt.

Die Felder in diesem Teil der Ebene waren auch besser gepflegt, aber auch riesig. Es gab gewaltige Agrarfabriken, zum Beispiel mit Holstein-Kühen. Daneben standen die alten verfallenen oder im Verfallen begriffenen Höfe.

Ich ging weiter, immer im Zick-Zack um die riesigen Felder herum. Einmal waren wohl vor kurzem von einem mindestens 1,5 Quadratkilometer großen Acker die Pomodori geerntet worden, aus denen bestimmt Ketchup oder Tomatenmark gemacht wird. Die Erntemaschine hatte tausende von Tomaten einfach fallen gelassen. Es sind kleine, ovale Früchte, die allerdings auch so fest sind wie Tennisbälle. Ich habe welche aufgesammelt. Nun fehlte mir nur noch das Brot dazu. Etwas Wein und Wasser waren noch in meinen Flaschen. Im nächsten Ort traf ich auf den Verkaufswagen eines Bäckers und auf Kundinnen, die ich nach dem Weg und nach Wasser fragen konnte, um die Tomaten zu waschen.

Skulptur am Portal des Doms in Fidenza

In Fidenza fand ich leicht zum Dom. Auf dem Weg dahin hatte ich eine Stadtpolizistin - mit großer Pistole am Gürtel - nach dem Weg gefragt. Sie erkannte mein kleines Jakobskreuz am Hemd, fragte nach den Petrus-Schlüsseln, da ich doch offensichtlich nach Rom ginge und offenbarte sich als Jakobspilgerin. Vor zwei Jahren hatte sie den Weg gemacht. Sie hat mich fast umarmt und ist ein Stück mit mir gegangen.

Der Dom war verschlossen. Ich habe die Fassade fotografiert und mich neben dem Dom an die Freiluft-Tische einer Trattoria gesetzt, um meine Tomaten-Brot-Wasser-Wein-Mahlzeit von vorhin mit etwas Schokolade aufzubessern.

Da kam die Wirtin und sprach mich sofort als Pilger an. Die Leute reagieren hier ausgesprochen positiv.

Dann ging ich zum Touristenbüro, wurde dort mit Handschlag von einem älteren Herrn begrüßt. Er wollte mir gleich einen Stempel ins Credential drücken und überreichte mir einen Anhänger mit dem Symbol der Via Francigena. Dann kam noch eine nette junge Frau, die gut englisch sprach. Da im Hause auch die Geschäftsstelle der „Association Via Francigena" ist, habe ich dann mal gefragt, warum denn der Weg hier überhaupt nicht markiert sei. Die Antwort war, es gäbe doch Schilder an den Straßen. Ich sagte, denen könne man als Fußpilger doch nicht folgen. Immer an den großen Straßen sei das nicht schön und auch gefährlich und ohne das Outdoor-Buch würde ich nie nach Rom finden. Ich hatte schließlich den Eindruck, dass die das Problem nicht kapiert haben.

Die junge Frau habe ich gebeten, in Costamezzana anzurufen. Dort erfuhr sie, dass das Ostello belegt sei, ich aber in der Kirche schlafen dürfe. Auch gut. Ich habe ja dabei, was ich brauche. Ich ließ mir noch den Weg aus der Stadt erklären und habe gegen 15.30 Uhr die zweite Tages-Etappe von 14 Kilometer unter die Füße genommen. Nach 2,5 Stunden hatte ich den Weg geschafft, davon die letzte Stunde wieder leicht bergauf in das Hügelland von Parma. An der Kirche stand schon ein alter Priester, der mir gleich den kleinen Gemeinderaum zeigte, wo ich einige Teppiche aufeinander legen, meine Isomatte drauflegen und mich überhaupt ausbreiten kann. Ein Steh-Klo mit Waschbecken gibt es auch. Da habe ich meine Wäsche gewaschen und eine kalte Eimerdusche wie zuhause genommen.

Dann ging ich in die Trattoria nebenan und habe dort gut zu Abend gegessen. Als Primo gab es Klößchen aus Weizengrieß mit Spinat und Parmesan-Käse, als Secundo Kaninchen in Rosmarin und dazu einen Tafelwein aus der Region.

Dort kam ein alter Herr an meinen Tisch, der gut deutsch sprach. Er ist 79 Jahre alt, Argentinier und mit dem Wirt befreundet. Er hat mich ausgefragt und allen Gästen erzählt, dass ich von Stuttgart nach Rom unterwegs sei, alles zu Fuß, in der Kirche auf dem Boden schlafe usw. Da wollte der Wirt mir seine private Dusche anbieten. Aber ich hatte ja schon meine Primitiv-Dusche. Als ich ging, verabschiedeten sich alle Gäste und die Wirtsleute mit Händedruck oder Winken. Ich war wohl die Sensation des Abends in dem Haus. Nun probiere ich mal wieder, ob ich auf harter Unterlage die Nacht gut überstehe. Morgen habe ich nur 17 Kilometer und werde hier erst mal an der Messe teilnehmen.

Sonntag, 30. September 2007, Medesano

Die Nacht habe ich nach dem guten und reichlichen Essen samt einem halben Liter Wein gut überstanden. Ich war nur mal kurze Zeit wach gelegen, nachdem ich auf der Toilette gewesen war. Mein Instinkt sagte wohl den Schlafläusen, dass ich sonntags länger schlafen dürfe. So wurde ich erst um 8.00 Uhr wach. Ich machte mir mein Frühstück, packte und sah nach, ob der Dorfladen offen sei. Er wurde gerade geöffnet. Brot bekam ich keines, aber labberigen Toast. Käse und Würstel habe ich auch mitgenommen, alles als Not-Ration. Und dann stellte ich beim Blick in meinen Führer fest, dass ich Quartier schon in Medesano und nicht erst in Fornovo da Taro bestellt hatte. Das war dann auch gut so, denn in Fornovo gibt es keine Herberge, nur ein teures Hotel.

In Costamezzano war ich als erster in der Kirche, schon vor dem Läuten der einsamen Glocke, und sah den Vorbereitungen von Mesner und Priester zu. Der alte Herr war ganz locker und begrüßte die nach und nach eintreffenden Gemeindeglieder und die Jugendlichen und Kinder ganz jovial. Die Kirche füllte sich zu etwa zwei Dritteln, davon etwa doppelt so viele Frauen als Männer. Zu Beginn setzte sich der Priester im vollen Ornat an ein Harmonium und begleitete die Gemeinde und einige Stimmführer/innen zu einem Lied, dessen Melodie ich sehr wohl kannte, aber dessen deutscher Text mir nicht einfiel. Die Liturgie und die Lesungen lagen gedruckt aus. So konnte ich mitlesen und verstand dadurch fast alles. Nur von der Predigt bekam ich nichts mit – die kann halt nur der Prediger mitlesen.

Danach ging ich gemütlich durch kleine Wälder, große Weinberge, frisch gepflügte Felder und hügelauf, hügelab durch das weite Land. Am Weg aß ich wieder Trauben, die bei der Lese hängen geblieben waren. Hier gibt es wieder viel Ackerbau auf wohl sehr fruchtbaren Lehm-Löß-Böden. Der Boden ist so feintonig, dass er das Wasser erst lange speichert und dann rissig wird. Es hat ja nun schon zwei Tage nicht mehr geregnet, aber der Boden auf den Feldwegen war noch so klebrig, dass ich Stollen an meinen Stiefeln bekam. Diese Wege möchte ich bei Regen nicht gehen müssen.

Hat es zwei Tage nicht geregnet, wird der feintonige Boden rissig

Sonntagsjäger waren auch wieder unterwegs. Wenn ein Dutzend Männer mit Gewehren auf Feldern und Wiesen verteilt auf Beute lauert, schaue ich, dass ich weiter komme. In der Wegbeschreibung war im Dorf Cella mal wieder eine Ost-West-Verwechslung eingebaut. Ich bin da jetzt schon so misstrauisch, dass ich es schnell bemerke. Schwierig war auch, dass da einige Höfe, die man passieren muss, mit Namen genannt sind, die dann aber nirgends angeschrieben sind. Und dann ist da auch meistens niemand da, den man fragen könnte. So kam ich am frühen Nachmittag zu einem Haus, das die Casa Paradiso sein musste. Wieder war niemand zu sehen, auch kein Hund. Da wagte ich es, das Gartentor zu öffnen und an der Haustüre zu klopfen. Von innen tönte es „avanti". Mir entgegen kam eine hübsche junge Frau, hinter ihr zwei ähnlich hübsche Kinder und am Kamin dass der Mann dazu und hatte die Beine hoch gelegt. Als ich anfing zu fragen, antwortete die Frau sofort in fließendem Englisch. Ach war das gut! Sie bot mir gleich Wasser an, erzählte, dass sie Stuttgart kenne, in Amerika gelebt habe und dass immer mehr Pilger vorbei kämen. Ich sagte ihr, dass es schön wäre, ihr Haus würde außen seinen Namen tragen. Als ich ihr dann zeigte, dass dieser Name in meinem Büchlein stand, war sie verwundert und stolz.

Es war dann nicht mehr weit nach Medesano. Vor dem Oratorio (Pfarramt) war ich zu früh. Ich ging erst mal in die Kirche, setzte mich danach auf eine Bank und wollte was aus dem Rucksack essen. Da kam schon der Priester auf mich zu und bat mich ins Haus. Das ist nun ein ganz nobles, neues Gemeindehaus. Noch bevor wir mit den Formalitäten begannen – Meldeschein ausfüllen und Pilgerpass stempeln – holte er ein Bier und ein Mineralwasser für mich aus dem Kühlschrank. Mit dem Fahrstuhl fuhren wir in den zweiten Stock und da habe ich nun eine Zweizimmerwohnung mit modernster Küche und Essraum.

Ich habe das pappige Toastbrot zu Zwieback geröstet, aus meinen Tomaten einen Salat gemacht – die Zutaten standen im Schrank – und mit meinem Käse zusammen gegessen. Heute Abend werde ich aus meinen Reserven und dem, was hier noch so rum liegt, auch noch eine Mahlzeit hin kriegen.

Montag, 1. Oktober 2007, Cassio

Mit dem selbst gekochten Abendessen wurde es gestern nichts. Als ich den Gasherd benützen wollte, war kein Gas da. Also ging ich eine Pizza holen und das dauerte. Ich glaube, da standen fast zwei Dutzend Leute Schlange und vier Leute wirkten hinter der Theke und am Pizzaofen wie die Wilden. Einige Kunden nahmen 4 oder 5 Pizzas mit. Warum die so beliebt sind, war mir, nachdem ich die meine gegessen hatte, nicht klar. Ich bin deutlich besseres gewohnt. Heute ließ ich mich mal von Maria per Telefon wecken, weil ich eine lange Tour mit mehr als 30 Kilometern vor hatte und früh weg wollte.

Darstellung des „Jüngsten Gerichts“ an der Frontseite der Kirche in Fornovo

Die Wegführung war so gewählt, dass ich nicht allzu oft an der Staatsstraße gehen musste. Dafür ging es halt immer wieder den Hang rauf und wieder runter. In Fornovo war ich gegen 11.00 Uhr. Die letzte Wegstrecke davor war wieder der reine Horror. Die Straßen haben meist keine Randstreifen, auf denen man gehen und den rasenden Lastwagen ausweichen könnte. Bemerkenswert war die Brücke über das weite Flussbett des Taro. Der Dom in Fornovo war offen und ich habe mir Zeit genommen, drin zu sitzen, dann auch zu fotografieren, speziell die Skulpturen am Altar und an der Außenseite des Portals.

Nach Fornovo gab's einen steilen Aufstieg auf der Straße. Oben machte ich Rast unter einem großen Kreuz aus Eisenträgern. Da hätte ich eine gute Sicht über das Tal haben können, aber es war diesig und alles war verschwommen. Schlimm war der Unrat rings um das Kreuz. Hier könnte man mal Markungsputzete machen. Das würde sich lohnen! Die Überraschung kam an der nächsten Kreuzung: Es gab wieder Markierungen, erst mal zwei kleine Aufkleber an Pfählen, später dann jede Menge „Meilensteine" am Rand der Straße mit dem Symbol der Via Francigena aus Terracotta, eingelassen in eine Aussparung in den Beton-Steinen. Aber wie in Spanien gibt es auch hier Vandalen oder Souvenirjäger, die versuchen, die Tontäfelchen heraus zu meißeln. Und viele der schönen Steine sind umgerissen und liegen im Graben. Aber ich freue mich, dass ich nicht mehr an jeder Abzweigung rätseln muss, wie's weiter geht.

Zahllose „Meilensteine" mit dem Symbol der Via Francigena begleiten die Route im Bezirk Parma – vor allem entlang der Asphaltstraßen

Am Vormittag bekam ich auch das Gefühl, dass ich wieder mehr für meinen Wasservorrat tun muss. Ich hatte Mühe, einen Brunnen mit Trinkwasser zu finden. Aber das wurde wieder besser, je höher ich in die Berge kam. Aber erst ging es nach Rispiccio auf einem schönen Waldweg durch einen Auwald, der einem ausgetrockneten Bachlauf folgte. Die angekündigten Furten waren trocken und der Weg war gut markiert, aber eben mal wieder anders: rot-weiß-rot mit VF.

Nachdem ich mal wieder an einem Friedhof Wasser getankt hatte, kam ich wieder durch Dörfer mit Brunnen, sogar richtigen Pilgerbrunnen, gestiftet von der Sparkasse von Parma. In Bardone kam ich nach dem zweiten größeren Aufstieg des Tages an eine leider verschlossene, aber schöne romanische Kirche. Der Ort war mal ein bedeutender Kreuzungspunkt der Via Francigena mit einer Fernstraße aus dem Langobarden-Reich. In Terenzo traf ich sogar auf eine Relief-Platte an einem Platz, der wohl bald einen Brunnen erhalten wird. Erinnert wird an Kaiser Karl IV. Der war also auch mal hier.

Und dann kam ein Aufstieg, mit dem ich nicht gerechnet hatte. Zum Glück hatte ich mich vorher noch gestärkt und mit Wasser versorgt. Es ging hinauf bis über 900 m, anfangs steil durch eine schöne Heidelandschaft. Wäre das Wetter klar gewesen, ich hätte tolle Ausblicke gehabt. Es war aber auch so sehr schön. Auch die Dörfer sind wieder schöner als in der Ebene. Ich folgte gern dem Rat im Pilgerführer, von der markierten Route abzuweichen und auf der serpentinenreichen Staatsstraße bis Cassio zu gehen. Es wäre noch einige Male steil ab- und aufwärts gegangen. Die Straße stieg sanft und stetig an und war wenig befahren. Auf rund fünf Kilometern kam kein einziger LKW. Was war ich froh, als ich vor der Herberge stand. Sie war verschlossen, aber ich wusste ja, dass an der Bar gegenüber jemand die Schlüsselgewalt hat. Nun habe ich wieder ein ganzes Haus für mich. Die Dusche war heute herrlich.

Heute habe ich viel darüber nachgedacht, dass mein Vater hier im Krieg war. Als ich sieben wurde, also im Oktober 1944, schickte er mir eine Ansichtskarte aus Genua und ein Päckchen. Die Karte habe ich im Nachlass meiner Mutter gefunden. Es gibt sonst keine Karte oder einen Brief von meinem Vater an mich. Nach dem Krieg haben wir zwar miteinander geredet, ich habe auch oft nach Haus geschrieben, aber ich kann mich nicht erinnern, dass mein Vater mir je geschrieben hätte. Am 23. 9. 44 schrieb er mir:

> *Mein lb. Bule!*
> *Da wir die Gegend schnell verlassen so geht noch ein kl. Päckchen an Dich zu Deinem Geburtstag und wünsche daß es Dir eine Freude macht. Konnte nun das nicht mehr kaufen für Dich was mein Wunsch war. So sind es nur einige Kastanien. Die Kämme sind für Hede. Wünsche Dir nun Gottes Segen und für uns ein baldiges Wiedersehen. Dein lb. Papa.*

Ich glaube kaum, dass meine Mutter wusste, was sie mit den Esskastanien machen sollte. Die waren bei uns damals unbekannt. Erinnern kann ich mich an gar nichts. Er schrieb: „Da wir die Gegend schnell verlassen…“ Sie waren also auf der Flucht vor den Amerikanern und den Partisanen, deren Denkmäler hier auf den Plätzen stehen. In der Po-Ebene kam er in Gefangenschaft. Er erzählte oft von den Bauernhäusern, in denen die Frauen am offenen Kamin im Kessel die Spaghetti und Nudeln kochten oder wie die Polenta bereitetet wurde. Er erzählte auch, dass er hier als Mitglied eines Stoßtrupps die einzige Handgranate seines Soldatenlebens geworfen habe. Von den Bergen erzählte er, durch die ich jetzt wandere und von der Kunst der Italiener, ihre Straßen in sanften Serpentinen die Berge hoch zu führen. Ich bin freiwillig hier, er war im Auftrag Hitlers hier. Er traf auf Feinde, ich auf Freunde. Wie gut ich es doch habe!

Das Alleinsein empfinde ich diesmal härter. Vor sechs Jahren in Frankreich konnte ich wenigstens kleine Gespräche mit den Leuten am Weg oder mit den Gastgebern führen. Hier ist das nur der Fall, wenn ich Leute treffe, die englisch, französisch oder gar deutsch können. Und das sind wenige. Ich fange schon an, das was ich denke, laut vor mich hin zu sagen.

Dienstag, 2. Oktober 2007, Berceto

Als ich gestern mein Bett in der Herberge bezahlt hatte, bemerkte ich, dass ich nicht mal mehr 20.-- € in der Tasche hatte. Das war übel, denn ich war in einem sehr kleinen Dorf. Aber Berceto sollte immerhin 3500 Einwohner haben. Da müsste es einen Bancomat geben. Also ging ich trotzdem in die Bar gegenüber und bestellte das Tagesmenu für 12.-- €. Später sah ich eine besondere Karte mit einem Pilgermenu – das gibt's hier auch – aber die Bedienung legte sie mir nicht vor. Alles war gut, Brot, Wasser und Wein inbegriffen. Ich kroch satt und zufrieden in den Schlafsack. Für die kalten Nächte in den Bergen – ich schlief in einer Dachkammer direkt unter den Schieferplatten – ist er allerdings zu dünn. Zweimal stand ich auf und füllte meine Wasserflaschen mit heißem Wasser aus der Leitung und nahm sie als Wärmflaschen mit in den Schlafsack. So kam ich gut durch die Nacht.

Am Morgen bekam ich die Quittung für die kalte Nacht. Ich bückte mich über meinen Rucksack und kam kaum mehr hoch. Mir saß ein richtiger Hexenschuss im Kreuz. Also schluckte ich zwei von den Schmerztabletten, die ich seit Jahren in meinem Verbandsbeutel habe, setzte ganz vorsichtig den Rucksack auf, ging noch vorsichtiger die Treppe runter und auf die Straße. Ich hoffte darauf, dass der Rucksack das schon wieder zurecht rütteln würde.

Ich war keine 100 Meter aus dem Dorf, als mich ein Polizeiauto überholte, hielt, Fahrer und Beifahrer die Türen aufrissen und ausstiegen. Was die wohl wollten? Sie wollten mich schlicht als Pilger begrüßen, fragten wie üblich nach dem Woher und Wohin, der Jüngere ließ sich mit mir fotografieren und nahm mich in den Arm. Dann verabschiedeten sie sich mit Winken.

Eine überraschende Begegnung mit freundlichen Polizisten

Es war strahlender Sonnenschein, doch im Tal waberte der Nebel. Nach dem Dörfchen Cavazzola di Sopra sollte ein gut markierter Waldweg beginnen. Das war er anfangs. Dann kam eine Stelle, an der nur noch der Pfahl stand, die Pfeiltafel aber fehlte. Der Pilgerführer half da auch nicht weiter, zumal wieder mal Südost mit Südwest verwechselt war. Ich wählte die falsche Richtung. Dann kam nach etwa 20 Minuten wieder eine Gabelung ohne Markierung. Nun wurde ich misstrauisch, wählte den oberen Weg und kam zu einem verfallenen Gehöft, das zugewachsen war wie ein Dornröschenschloss. Danach stand ich im Wald. Ich probierte noch seitlich einige Wege, dann ging ich zurück zum Pfahl, wählte die Alternative rechts hoch und lag damit richtig. Es ging bergauf, richtig schweißtreibend, was meinem Rücken gut tat. Es wurde zusehends besser. Die Landschaft war herbstlich schön und sonnig. Ich freute mich über Silberdisteln und Hagebuttensträucher und genoss die Sicht über die Berge.

In Berceto fragte ich eine Passantin nach dem Weg zum Seminario, wo es Unterkünfte geben sollte. „Sie sind Pilger?“ fragte sie. Als ich ja sagte, führte sie mich zu einem großen Gebäude, ließ mich unten warten und kam mit einem älteren Herrn zurück. Der zeigte mir einen großen Raum mit zwei Liegen und über dem Flur Toilette mit Dusche und Waschbecken. Im Raum daneben war eine Musikschule und eine verschlossene Doppeltüre trennte meinen Raum von einem Jugendraum mit Tischtennisplatte und Tischfußball. Dass ich nicht im Seminario, sondern bei der Pfarrgemeinde gelandet war, merkte ich erst später. Aber es war gut so und auch kostenlos.

Mittwoch, 3. Oktober 2007, Pontrémoli

„Zufall ist das Pseudonym, das Gott wählt, wenn er inkognito bleiben möchte“ soll Einstein gesagt haben. Irgendwie zufällig war heute mein „deutscher Tag“.

Nachdem ich einen dicken Brief mit Tagebuch-Kopien zur Post gebracht hatte, kam ich später aus der Stadt, als ich wollte. Gleich nach dem Stadtrand überholte mich ein alter Mann auf dem Fahrrad, stellte es genau auf dem Weg ab, den ich gehen sollte, grüßte, sprach mich an, hörte, dass ich Deutscher bin und redete auf Schweizerdeutsch weiter. Er war 10 Jahre Gastarbeiter in Schaffhausen gewesen. Er ist ein Jahr älter als ich, hat mir seinen Garten gezeigt, in dem er jeden Tag zwei bis drei Stunden arbeitet. Es hat mir richtig gut getan, mal wieder richtig mit jemandem reden zu können. Ich habe danach vor dem Aufstieg auf den Pass, auf dem ich den Appennin überqueren wollte, etwas getrödelt, habe Brombeeren gegessen und die Landschaft beschaut. Es war wieder schönes Wetter und nicht mehr diesig. Als ich zurück sah, kam ein junger Mann mit großem Rucksack und schnellen Schritten den Berg herauf. Ich wartete auf ihn und fragte, ob er Pilger auf der Via Francigena sei. Das war er, kam von Arles. Wir sprachen gleich französisch miteinander, aber dann begann er deutsch zu reden. Und sein Deutsch war besser als mein Französisch. Italienisch können wir beide gleich schlecht, aber englisch kann er auch gut. Wir haben den Rest des Tages deutsch geredet. Das tat richtig gut.

Er hatte einen schnellen Schritt und ich hatte Mühe, mit zu halten. Es ging sehr steil bergauf. Da passte sich unser Tempo allmählich an. Wir mussten erst auf den Monte Valoria mit 1229 Metern Höhe, ehe es wieder auf schmalen, steilen, teilweise knochenbrecherischen Pfaden abwärts ging zum Cisa-Pass. Aber es war ein herrlicher Tag mit tollen Ausblicken über die Höhen des Appennin. Am Gipfel stand auch ein Grenzstein zwischen der Region Parma und der Toskana. So bin ich nun seit heute Mittag in der Toskana.

Über die Höhen des Appennin war es gut, einen Mitpilger zu haben

Es ging durch schöne Wälder, viel Buschwald aus Haselnuss und Buchen, später Eichen und manchmal auch durch einen Fichtenwald. Die Wege waren gut und richtig schön. Unser Mittagspicknick haben wir am Gipfel des Monte Cuchero am Fuß des Sendemastes eingenommen. Tief unter uns lag die Autobahn mit Brücken und Tunneln und Fahrzeugen wie aus der Spielkiste der Kinder.

Und dann kam ein Abstieg, wie ich schon lange keinen mehr gemacht hatte. Steinige Wege mit dicken Brocken übersät, altes Pflaster und schier endlos. Das Tal war unglaublich tief. Dort rauschte dann auch ein Bach, während oben alle Bäche ausgetrocknet waren.

Ab dem Dorf Groppoli nahmen wir wie empfohlen die Regionalstraße, auf der kaum Autos unterwegs waren. Eines der wenigen Autos, die uns überholten, hielt dann an und ein Mann mit Foto-Ausrüstung kam zurück zu uns. Er war ein Pressefotograf aus Holland, der Bilder für einen Bericht aus dieser Region machen musste. Er hat uns abgelichtet. Nun werden wir vielleicht in der zweitgrößten holländischen Tageszeitung als Beispiel-Pilger erscheinen.

Wir sind noch lange auf dieser Provinzstraße gegangen und auch noch kurz auf der Staatsstraße, dann durch die Altstadt von Pontrémoli und zum Kapuziner-Kloster.

Wir gingen beide erst mal in die Kirche. Da waren einige Frauen, die den Rosenkranz beteten. Ich blieb länger und als ein Mönch in brauner Kutte kam und ich dachte, nun würde die Messe beginnen, ging ich leise raus. Aber der Mönch kam hinterher, fragte ob wir Pilger seien und nahm uns mit ins Kloster. Da haben wir nun jeder ein Zimmer, konnten duschen und waschen und vor meinem Fenster ist der Kreuzgang des Klosters mit großen Palmen.

Inzwischen waren wir zum Essen in der Stadt und ich hatte eine gute Pizza und guten Wein. Was will ich mehr?

Donnerstag, 4. Oktober 2007, Aulla

Heute gibt es nicht viel zu berichten. Am Morgen war ich in der Messe, in welcher der Mönch, der uns gestern Abend die Zimmer gezeigt hatte, die Messe las. Bertrand wartete vor der Kirche. Danach bekamen wir unseren Stempel in den Pass, gingen in die Stadt, tranken einen Kaffee und zogen los. Es ging immer rechts des Flusses Magra auf Provinzstraßen den Hang entlang. Die Straßen waren wenig befahren, was gut für uns war. Interessant war nur das kleine Dorf Lusuolo mit seiner gewaltigen Burg und der einzigen, völlig menschenleeren Dorfstraße.

Hier in Aulla sitzen wir nun auch auf dem Gelände einer riesigen Burg oder Festung, der Fortezza della Brunella, in einer Foresteria. Hier sollte Küchenbenutzung möglich sein. Es gibt auch eine Küche, aber wir bekommen mal wieder den Herd nicht in Gang. Wahrscheinlich müssen wir wieder runter in die Stadt. Bertrand wollte heute Morgen noch eine Etappe weiter nach Sarzana gehen. Ich nicht, weil ich bremsen muss, um auf Gisela zu warten. Aber nun war er doch so müde, dass er nicht noch mal 18 Kilometer mit einigen hundert Metern Höhenunterschied machen will.

Als ich duschen wollte, gab es auch da ein Problem. Das Rohr mit dem Duschkopf fiel einfach aus der Wand. Es war nur provisorisch mit einer Muffe aus einem Stück Gartenschlauch befestigt gewesen. Ich habe dann vom Gartenschlauch vor der Hütte auch ein Stück abgeschnitten, mit dem Feuerzeug erwärmt und über die beiden Rohr-Enden geschoben. Das hielt, wenigstens für meine Dusche. Bertrand hat ganz verzichtet.

Freitag, 5. Oktober 2007, Sarzana

Wir sind gestern noch in die Stadt gegangen zur Abbazia. Dort war gerade der Abendgottesdienst zu Ende. Bertrand fragte die Mesnerin um einen Stempel für unseren Pilgerpass. Den bekamen wir und dazu noch eine Führung durch die Kirche und ein kleines Museum zur Via Francigena. Wir hörten, dass die Abbazia auch Pilger aufnimmt und heute die acht Holländer beherbergt, die seit Tagen in den Gästebüchern auftauchen. Von der Mesnerin bekamen wir auch die Empfehlung für eine preiswerte und gute Gaststätte, eine Trattoria. Das war ein sehr guter Tipp. Wir haben zu zweit je ein Menu mit Wein, Brot und Wasser gegessen und waren nur rund 30.--€ los. Es war sehr gut und reichlich. Ich habe wohl noch nie eine Platte frittierter Meeresfrüchte gegessen, die ähnlich gut schmeckten.

In der Dunkelheit haben wir etwas mühsam wieder hoch zur Fortezza und zu unserer Foresteria gefunden und dann gut geschlafen. Das Frühstück haben wir uns dann halt mit meinem Esbit-Kocher gemacht. Es war kräftig und das war gut so, denn schon der Aufstieg zu dem Bergdorf Bibola war heftig und Bertrand musste sich etwas bremsen, damit ich mit kam. Wir haben von der Höhe schöne Ausblicke gehabt und sind durch schöne kleine Dörfer gegangen, haben aus den Brunnen getrunken.

Das Bergdorf Bibola

Es ging dann auf einem Sträßchen und nach rot-weißer Markierung abwärts und dann wieder sehr, sehr steil rechts hoch. Wir kamen an einen Querweg, der im Führer nicht erwähnt war und fanden keine Markierung mehr. Unsere Kartenskizzen und die Beschreibung waren alles andere als eindeutig. Bertrand war überzeugt, dass wir rechts auf einem Pfad Richtung Südwesten gehen müssten. Ich war nicht ganz überzeugt, gab aber mangels besserer Argumente nach. Und damit begann ein langer Aufstieg, immer am Hang entlang und rein in die trockenen Bachrinnen und wieder raus, aber immer aufwärts. Der Pfad wurde schmal und steinig. Tausende von Kastanien lagen darauf und meist war er von Wildschweinen zerwühlt. Von Dornen verwachsen war er ab und zu auch. Aber wir gewannen an Höhe und kamen auf einen Bergkamm.

Dort standen einige Häuser. Wir wussten überhaupt nicht, wo wir waren. Ich ging zum ersten Haus, um zu fragen. Von drinnen tönten laute Frauenstimmen und ich musste mehrmals klopfen. Als dann eine Frau öffnete, wurde ich meine lange ausgedachte Frage los: „Dovè siamo? Wo sind wir?“ Aber der Ort, den die Frau nannte, war auf unseren Kartenskizzen nicht zu finden. Schließlich kam ein Mann dazu, der plötzlich Ruhrpott-Platt redete, aber halt doch wie ein Italiener aussah. Er war aber Deutscher, in Carrara geboren, in Deutschland aufgewachsen, lebt in Wuppertal und ist dort Fahrer bei der Schwebebahn. Der half uns weiter. Aber wir fanden trotzdem nur mühsam nach Sarzana, mussten lange auf der Straße gehen und eine schier endlose Stadteinfahrt bewältigen, ganz ohne Seitenstreifen oder gar Gehwege. Wir suchten und fanden den Dom, wurden von einer alten Frau, die Plastiktüten in beiden Händen hielt, angesprochen und wortreich in der Kirche herum geführt. Sie zeigte uns auch den Weg zur Kirche der Franziskaner. In deren Kirche trafen wir auf Don Lorenzo und einen seiner Helfer. Sie erklärten uns, dass wir eine Matratze auf dem Fußboden bekommen könnten, dass es Waschraum und Toiletten gebe, aber keine Duschen. Ich beschloss zu bleiben, denn ich war furchtbar müde. Bertrand beschloss, mit dem Bus weiter zu fahren bis einige Kilometer hinter Massa. So trennten sich unsere Wege wieder. Wir sagten beide, dass es gut war, diese Tage in den Bergen nicht allein gewesen zu sein. Und das ist wirklich wahr!

Nun sitze ich in Sarzana vor einer Bar an einer Piazza, hatte eine Pizza-Schnitte und ein Bier. Um mich herum sind viele Menschen unterwegs, die ihren abendlichen Spaziergang machen. Neben mir hat eine Gruppe Jugendlicher ihre Hausaufgaben gemacht und nebenbei heftig geflirtet. Hinter mir stehen Orangenbäume und ab und zu fällt eine reife Frucht herunter. Olivenbäume säumten heute auch unseren Weg. Ich habe eine rohe, schwarze Olive probiert, werde das aber nicht noch mal machen. Schmeckt scheußlich.

Unterwegs haben wir auch Strauchbeeren gefunden, die wie kleine Erdbeeren aussahen. Da ich sie nicht kannte, habe ich eine mitgenommen und in Sarzana zwei Männer befragt – einer davon entpuppte sich als ehemaliger Gastarbeiter mit fünf Jahren in Köln – und weiß jetzt, dass sie Corbezzoli heißen, essbar sind und gut schmecken. Eine andere Frucht gab mir seit Tagen Rätsel auf. Sie sieht aus wie ein Apfel, ist aber sehr glatt und gleichmäßig geformt, hat Farben von grün über gelb bis orange. Grün ist sie sehr hart, ist sie orange-farben und reif wird sie sehr weich. Eine habe ich aufgeschnitten und daran geleckt, sie dann aber vorsichtshalber doch nicht gegessen. Das Fleisch war faserig und süß-sauer. Nun sah ich heute welche im Laden, fragte nach dem Namen und bekam eine geschenkt. Cachi heißen sie. Ich werde sie nun nachher zum Nachtisch essen.

Mit Bertrand habe ich heute Morgen mal theologisch diskutiert. Er ist wirklich ein Sucher, gehört zu einem Geheimbund, der überreligiös ist. Das ist ein Wenig so etwas, wie es aus den Büchern von Paolo Coelho spricht. Mir ist das nicht geheuer.

Noch etwas zu den Pflanzen am Weg: Es gibt jetzt alle Arten von Palmen, dann Bananenstauden, Bambuswäldchen und noch recht viele schöne Blumen und Kräuter. Die Wegwarte blüht noch, auch Alpenveilchen, eine Löwenzahnart, Thymian und Minzen. An den Rebstöcken hängt nur noch selten eine Traube, auch die Tomaten sind abgeerntet oder vertrocknet. Äpfel fanden wir noch ab und zu und einige Feigen. Kastanien könnte ich endlos viele rösten, hätte ich Pfanne und Feuer dazu.

Zu dieser Osterikone aus dem 12. Jahrhundert führte uns die alte Frau in der Kathedrale von Sarzana. Die Frau war mir schon vorher aufgefallen, als sie mitten auf der Straße sich wortreich mit einer anderen Frau unterhielt. Nun forderte sie uns geradezu auf, die Ikone zu fotografieren. Wenn ich den Text an der Kirchentür richtig verstanden habe, war hier das Fotografieren verboten. Wir haben fotografiert.

Kreuzikone im Dom von Sarzana

Samstag, 6. Oktober 2007, Marina di Massa

Ich denke schon eine Weile nach, ob heute irgendetwas schön war. Außer einem kleinen Gespräch mit einer

Familie, die ich um Trinkwasser bat und bei dem ich fast alles verstand, eigentlich gar nichts.

Straße, allerdings mal großenteils mit Radweg, Gewerbegebiete, Siedlungen an den Stadträndern von Sarzana, Avenza und Massa, viel Marmor und Marmorstaub und keine gute Sicht auf die Marmor-Berge von Carrara. Ich bin nicht über Carrara gegangen. In Luni gab es die Ruinen eines Amphittheaters, die aber so hermetisch eingezäunt waren, dass ich kaum ein Foto machen konnte.

Auch die Marmor-Berge ließen sich schlecht fotografieren, denn es war dunstig und immer war irgendein Zaun oder eine halb verrottete Werkhalle im Wege. So habe ich eben Marmorblöcke und gewaltige Splitkegel mit gemahlenem Marmor fotografiert. In Avenza habe ich Mittagspause gemacht, saß auf einer Parkbank aus Marmor und hatte vor mir mit Marmor belegte Gehsteige. Hier sind nicht nur die Denkmäler aus Marmor, selbst die Pisten über die Felder sind weiß vom Marmor-Split.

Was aussieht wie Schnee am Berghang sind Marmorbrüche

Der Marmor wird auch zu feinem Split gemahlen für Pisten und weiße Gartenwege

Um 16.oo Uhr war ich am Meer bei Marina di Massa. Für die 21 Kilometer, die ich heute gehen musste, war das spät. Aber ab Massa bis zum Meer kamen noch fünf oder sechs Kilometer dazu. Trotzdem habe ich mir echt Zeit gelassen, in Massa sogar noch ein Bier getrunken und etwas gedöst. Das Ostello, in dem ich ein Doppelzimmer für mich habe, ist riesig und hat laut Pilgerführer 145 Zimmer mit 645 Betten. Hier erfuhr ich, es seien sogar 1200 Betten und in der Saison seien die auch belegt. Trotzdem waren die billigen Plätze in den Schlafsälen auch heute alle belegt. Es ist eben Wochenende. Nach dem Duschen ging ich noch ans Meer. Selbst der Sand und der Kies am Strand sind aus Marmor. Ich ging barfüßig am Strand entlang. Wenigstens die Füße sollten im Mittelmeer gebadet werden. Als ich am Strand war, begann es am Rand der Berge zu blitzen und zu donnern. Die Boote, die draußen auf dem Meer schwammen, wurden eilig in den Bootshafen manövriert und ich beeilte mich, ins Ostello zurück zu kommen. Aber es dauerte noch, bis es wirklich anfing zu regnen. Aber nun rauscht es draußen sanft und gleichmäßig.

Sonntag, 7. Oktober 2007, Pietrasanta

Eigentlich hatte ich vor, den im Führer beschriebenen Weg nicht zu gehen, sondern an der Uferstraße zu bleiben. Aber dann kam mir der Gedanke, dass in den Bergen wohl weniger Verkehr sein würde als sonntags am Meer. So bin ich nur bis zur Bushaltestelle in Marina di Massa am Strand entlang gegangen und habe bei klarer Luft und Morgensonne auf das Meer hinaus geschaut. Will man hier mit dem Bus fahren, muss man den Fahrschein vorher am T-Kiosk kaufen oder ihn aus dem Automaten im Bus ziehen. Die Kioske waren am frühen Sonntagmorgen noch geschlossen und der Automat im Bus funktionierte nicht. So fuhr ich kostenlos ins Zentrum von Massa zurück.

Der Weg aus der Stadt war auch unproblematisch, weil wenige Autos unterwegs waren. Als es dann in die Berge der Alpi Apuane ging, wurde der Verkehr noch spärlicher. Ich fand unterwegs Zitronen und Orangen und presste daraus etwas Saft in meine Trinkflaschen. Einige Feigen und Trauben gab es auch wieder und weite Ausblicke auf ein blaues, offenes Meer. Ich bin sehr langsam gegangen, hatte ja nur 14 Kilometer vor mir, rastete mehrmals und war doch schon um 14.00 Uhr in Pietrasanta. Dort sitze ich nun vor einem Café im Schatten, vor mir auf der Piazza steht eine monumentale Figur von Botero aus schwarzem Marmor mit dicken Waden und gewaltigem Hintern. (Botero hat hier mal gelebt und gearbeitet).

Standbild des südamerikanischen Künstlers Botero in Pietrasanta

Ich warte noch etwas, bis ich zum Ostello gehe, denn es ist noch Siesta. Aber den Weg dahin habe ich schon erfragt

Das Haus der Schwestern von Mariä Himmelfahrt war leicht zu finden. Sie haben neben ihrem Hauptgebäude eine schöne Unterkunft mit zwei Stockbetten und Sanitärraum. Der Empfang war freundlich. Der Mittag war erst angebrochen. So ging ich in die Stadt, die jetzt voller Menschen war. Vor dem Dom stand ein weißer Rolls-Royce, dahinter ein geschmücktes Dreirad-Wägelchen – ein Piaggio bzw. eine Ape = Biene, wie ich später erfuhr. Im Dom war eine Hochzeitszeremonie in vollem Gange. Das Ave Maria von Schubert wurde gesungen und Händels Largo gespielt. Blitzlichter zuckten und Leute in schönen Anzügen oder Abendroben standen herum und gingen aus und ein. Draußen gab es jede Menge Schaulustige. Als das Paar aus der Kirche kam, regnete es Reis und Konfetti, es wurde viel rechts-links geküsst. Das Paar musste die Ladefläche der Ape besteigen und durfte aus einem riesigen Karton zwei weiße Tauben frei lassen. Danach wurden sie einmal um den Platz kutschiert und dann zu einem Restaurant in der Stadt gefahren.

Statt im bereit stehenden weißen Rolls-Royce durfte das Brautpaar auf einer „Ape“ einen Ehrenrunde drehen.

Auf mehreren Plätzen und Straßen war ein großer Flohmarkt aufgebaut. Als ich zur Piazza del Duomo zurückkam, war dort ein ganz origineller Maroni-Wagen in Betrieb. Als ich welche kaufen wollte, bekam ich ein Gläschen Rotwein und einige Maroni geschenkt. Mit einem anderen Kunden, der gut englisch sprach, hatte ich ein längeres Gespräch. Ich wollte wissen, ob das Paar heute zu einer bedeutenden Familie der Stadt gehöre. Er sagte nein, es könnten sogar von den neureichen Russen welche gewesen sein, die hier alles aufkauften – mit schmutzigem Geld. Aber nach Russen sahen weder das Paar noch seine Gäste aus.

Danach war ich bei der Vesper mit den Nonnen. Verstanden habe ich wieder gar nichts – außer dem Vaterunser, das ich auf Deutsch mitbeten konnte. Aber schön war es und meditativ. Danach durfte ich am PC der Nonnen meinen nächsten Artikel für die Murrhardter Zeitung schreiben und versenden. Nun blieb mir nicht mehr viel Zeit, um was zu essen. Ich hatte schon am Nachmittag eine etwas preiswertere Pizzeria ausgeguckt und ging dahin. Es war dann auch ganz gut. Als ich wieder im Quartier war, bemerkte ich, dass mein Tagebuch noch im Büro der Nonnen liegen müsste. Der Schreck war erst groß, aber ich war dann doch sicher, dass ich es zurückbekommen würde.

Übrigens war der Weg heute wieder mal recht gut markiert und die Marmorsägen liefen auch am Sonntag.

Montag, 8. Oktober 2007, Valpromano

Das Tagebuch lag heute Morgen vor der Tür zum Haus der Nonnen. Vielleicht hat jemand es gestern Abend schon raus gelegt. Aber da nachzuschauen, fiel mir gestern nicht ein. Ich ging schon vor 8.00 Uhr aus der Stadt, als große Schülergruppen auf dem Weg zu ihren Schulen waren. Die Jungen frühstücken schon wie die Alten: Ein Hörnchen, ein Espresso in der Bar und manche noch eine Zigarette davor. Wieder ging es nach Südosten (nicht nach Südwesten wie im Führer) und gegen den Verkehr. Meine Angst vor dem wilden Verkehr nimmt allmählich ab und meine Sicherheit zu. Auch war der Weg wieder markiert, oft sogar dreifach: Erst die weißen Pfeile vom Jubiläumsmarsch der Schweizergarde, die allmählich verbleichen, aber oft hilfreich sind. Dann die gelben Pilgerfigürchen mit Pfeil auf den mickrig kleinen Aufklebern. Man muss schon davor stehen, um sie sehen und deuten zu können. Dann gibt es noch rot-weiß-rote Plaketten, auch mit dem Pilgersymbol. Keramik-Täfelchen gibt es seltener und wenn ein gelber Pfeil meinem Weg entgegenzeigt, ist das auch hilfreich, denn der soll Italiener nach Santiago leiten und führt die Via Francigena nordwärts bis an die Alpen.

Olivenhain bei Canoretto

Am Weg nach Canoretto standen rechts des Sträßchens schöne Landhaus-Villen, links am Hang hinauf gab's verwilderte Olivenhaine. Einer davon war allerdings ausgemäht und das Strauchwerk wurde am Weg verbrannt. Die Feuerstellen waren unbeaufsichtigt, kein Mensch weit und breit. Dass bei der herrschenden Trockenheit da Flächenbrände entstehen können, ist kein Wunder.

In Camaiore war ich auf ein stilles Städtchen mit leeren Straßen vorbereitet, denn sein Strand mit Hotels, Restaurants und vielen Menschen liegt 10 Kilometer vom Zentrum weg. Aber es war Krämermarkt. Auch da gab's wieder eine Überraschung: Es gab einen Stand mit „Strudel alla Austria", es gab „Salzburger Brezeln" und „Bratwurst Thüringer Art". Einen Strudel und eine Brezel habe ich gegessen und einen Liter Milch dazu getrunken. Das sollte bis zum Abend in Lucca reichen.

Aber nach Lucca kam ich heute gar nicht. Beim Lesen meiner Wegbeschreibung entdeckte ich beim Dorf Valpromaro das Zeichen für eine Unterkunft bei der Pfarrgemeinde. Da für Lucca nur eine relativ teure Jugendherberge aufgeführt war und ich dort zwei Nächte bleiben müsste, brach ich meine Tagesetappe schon kurz nach 13.00 Uhr ab, setzte mich für ein Picknick mit meinen letzten Vorräten vor die verschlossene Kirche und wartete erst mal ab.

Um diese Zeit, in der Siesta, tut sich in so einem Dorf erst mal gar nichts, kaum dass mal ein Auto vorbei fährt. Allmählich bekomme ich ein Gespür dafür, wen ich fragen muss. Am Haus neben der Kirche rumorte eine außerordentlich dicke Frau mit Taschen und Geräten. Ich hatte noch keinen ganzen Satz gesagt, da führte sie mich schon zum Pfarrhaus. Auch der Pfarrer hatte noch Siesta, aber sie war wohl seine Haushälterin. Sie zeigte mir Toilette und Dusche und den Raum, in dem Campingliegen bereit standen. Die Küche räumte sie auch noch auf und ich darf da heute Abend mein Essen bereiten. Nun muss ich im Laden neben der Kirche nur noch einkaufen. Er öffnet erst am Abend wieder.

Der Priester ist inzwischen auch aufgetaucht und hat mein Credential gestempelt und ich durfte was ins Gästebuch schreiben. Ich habe mal wieder mein Hemd und die Socken gewaschen und konnte alles noch an der Sonne auf die

Leine hängen. Die Stiefel habe ich auch mal wieder gewachst und als danach Don Mario mich zur abendlichen Messe einlud, bin ich mitgegangen. Vor dem Einkaufen war ich noch im Wald am Dorfrand und habe Kastanien gesammelt und danach in der Pfarrküche geröstet.

Eingekauft und gekocht habe ich nun auch. Ich machte mir einen großen Teller „Gargagnelli". Das ist so was Ähnliches wie Penne. Einen billigen Wein habe ich auch wieder gefunden, probiere mal einen weißen aus, bin aber sicher, dass ich das nächste Mal wieder einen roten nehmen werde.

Dienstag, 9. Oktober 2007, Lucca

Das waren nicht viele Kilometer heute und schwer waren sie auch nicht. Einmal ein Aufstieg nach Piazzano, wo es eine Kirche gibt, die auch mal ein Pilgerhospiz hatte. Es ist ein Straßendorf, das entlang der Via Francigena entstand. Ausnahmsweise ist die Dorfstraße nicht bolzengerade, sondern am Hang entlang gewunden. Außer an der Straße gibt es kaum Häuser. Der Abstieg danach war steil und unwegsam und auch mit Dornen verwachsen. Einige musste ich erst abschneiden, um nicht hängen zu bleiben. Unten im Tal stieß ich dann auf eine alte Kapelle. Ein uraltes Marmorschild an der Außenwand besagte, dass es auch ein Pilgerhospiz gab und dass Kaiser Barbarossa und Papst Alexander (II. oder III?) an der Gründung beteiligt waren. Das Spital wurde von deutschen Truppen beim Rückzug im 2. Weltkrieg zerstört.

Ehemalige Pilger-Kapelle im Tal kurz vor Lucca

Als ich die Stadtmauer von Lucca an der Porta Donato unterquert hatte, war es mit der Markierung erst mal vorbei. Ich lief in die falsche Richtung, fragte dann und der Signore begleitete mich zum Info-Büro. Dort sprachen gerade zwei Deutsche mit der Frau hinter dem Tresen. Ich sprach sie an. Da tönte es aus dem Hintergrund des Büros, wo eine zweite Frau gerade Prospekte einsortierte: „Das klingt aber arg badisch. Sind sie aus Baden? Ich bin aus Karlsruh." Ich antwortete: „Und ich stamme aus Pforzheim." Sie lebt seit 23 Jahren in Lucca und arbeitet im Touristenbüro. Als sie hörte und sah, dass ich Pilger bin, ein billiges Quartier suche, da sagte sie: „Da sind wir doch mal solidarisch. Ich weiß eine kostenlose Unterkunft bei den Schwestern unserer Ortsheiligen Santa Gemma. Die Oberin ist zwar streng, aber eine gute Frau."

Also telefonierte sie kurz, ich bekam einen Stadtplan, fand durch die Gassen Luccas auch hin und habe jetzt eine schöne kleine Wohnung mit Küche und Bad und darf zwei Nächte bleiben. Nach meinem Klingeln öffnete mir eine rundliche Nonne. Aber die wusste noch nichts von dem Telefonat. Also wurde ich erst mal in den Raum geführt, in dem die heilige Gemma die letzten Jahre ihres kurzen Lebens bei der Familie Giannini am Tisch gesessen hatte. Dort steht auch noch ihr Stuhl: „Sede della Santa Gemma" sagt eine Plakette an der Lehne.

Und dann kam die Oberin, eine zierliche, vom Alter verkrümmte Dame in schwarzer Tracht und mit Krückstock. Sie setzte sich neben mich und ich musste dafür einen Platz weiter rücken, denn ich hatte mich wohl aus Versehen auf ihren Stammplatz in diesem Heiligtum gesetzt. Erst musste ich einige Fragen beantworten, was mir mühsam gelang. Ich habe das Examen bestanden und durfte bleiben.

Die Santa Gemma war – wie die Fotos zeigen – eine hübsche junge Frau. Sie war fromm erzogen und gut gebildet. Sie scheint mystische Erfahrungen gemacht zu haben. Mit 21 Jahren zeigten sich bei ihr Stigmata – die Wundmale Jesu. Im Jahr 1903 starb sie im Alter von 25 Jahren an TBC. Wenn ich es richtig verstanden habe, hat Pius XII. sie heilig gesprochen.

Heute ist mir mal wieder aufgefallen, wie sehr man als Wanderer auch auf Gerüche reagiert. In Oberschwaben war die Luft oft voll vom Honigduft des blühenden indischen Springkrautes. Auf den Höhen des Appennin waren es die Düfte der Kräuter wie Thymian und Rosmarin. Entlang der Wege und Straßen, immer dann wenn es etwas Feuchtigkeit aus Gräben und Bächen gab, roch es nach der in Mengen blühenden Bachminze.

Geht man durch die Dörfer und Städte, so duftet es aus den Bäckereien nach Brot und aus den Küchen um die Mittagszeit nach gutem Essen. Wenig Freude macht einem der Geruch der großen Müllbehälter, die überall herum stehen und in welche die Leute ihre vollen Mülltüten werfen. Wenn die Sonne drauf scheint, rieche ich sie oft, ehe ich sie sehe. Und heute hat mich ein Duft begleitet, den ich aus meiner Kinderzeit kenne. Da lief in unserem Dorf das Spülwasser aus den Häusern in die Straßengräben und langsam aus dem Dorf und in „Stinkbächen" ins Nagoldtal hinab. So etwas gab es heute auch und ich hatte manchmal den Eindruck, dass es nicht nur Spülwasser war.

In der Kathedrale San Martino steht ein kleiner Tempel in der riesigen Halle und in ihm ein großes Kruzifix. Die Legende sagt, dass das Gesicht des Gekreuzigten von Nikodemus geschnitzt worden sei. Dann sei das „Volto Santo" = Heiliges Antlitz in einem unbemannten Boot über das Mittelmeer getrieben, bei Luni gelandet und ein Paar wilder Stiere habe es hierher gezogen. Das ist das gleiche Motiv wie bei der Jakobus-Legende und hier wohl so wenig Realität wie dort.

Mittwoch, 10. Oktober 2007, Lucca

Ich komme jetzt schon beim Schreiben des Datums durcheinander. Kommt das daher, dass ich heute einen Ruhetag hatte? Lucca habe ich kreuz und quer abgelaufen. Die engen Gassen und Straßen erscheinen auf den ersten Blick alle verwechselbar. Zuerst habe ich mir im Touristenbüro, wo ich gestern war, einen Stempel für den Pilgerpass besorgt.

Mit dem Stadtplan in der Hand fand ich mich gut zurecht. Aber so sind hier viele unterwegs und viele sprechen deutsch oder englisch. Es wimmelt hier von Touristen und ich bin heute auch einer. Als ich eine Gruppe richtig oberschwäbisch-allgäuerisch reden hörte, habe ich sie angesprochen. Einer davon meinte, er sei Rentner und habe nicht so viel Zeit wie ich. Da habe ich ihm gesagt, seit ich meine Zeit nicht mehr für Geld verkaufen müsse, könne ich selber bestimmen, was ich damit anfangen will.

Ich habe mir viel Zeit genommen, das Leben auf den Straßen zu beobachten. Am Vormittag, aber besonders am späten Nachmittag und am frühen Abend sind die Straßen voller Menschen. Die Straßen und Gassen sind eng und trotzdem passen zwischen die vielen Menschen auch noch viele Fahrräder, Motorroller, Autos, kleine Lastwagen und kleine Busse. Große Fahrzeuge kämen nirgends durch und ich wundere mich sogar, wie es die Leute schaffen, ihre PKWs durchzumanövrieren, ohne an jeder Ecke zu schrammen.

Der Verkehr läuft auch ganz ruhig und langsam. Es wird kaum gehupt. Wenn man ein Fahrzeug hinter sich hört, geht man einfach zur Seite oder in die nächste Toreinfahrt. Das müssen ganz andere Autofahrer sein als die auf den großen Überlandstraßen. Woher soll sonst wohl der Unterschied im Verhalten kommen? Oder müssen sie draußen austoben, was drinnen nicht möglich ist?

Ein Blick über die Dächer von Lucca

Zum Mittagessen habe ich mir ein Touristenmenu geleistet. Und es war sogar schmackhaft und ausreichend samt Brot, Wein und Wasser. In der Altstadt von Lucca gibt es unzählige Ladengeschäfte mit den kostbarsten Sachen: Vom silbernen Tafelgeschirr über modische Klamotten bis zu Antiquitäten der ausgefallensten Art und größter Vielfalt. Wer das wohl kauft? Und Delikatessengeschäfte und Weinhandlungen gibt es ohne Ende. Ich würde das schon mal alles gern probieren. Aber dazu müsste mein Konto besser ausgestattet sein.

Das prächtige Giebel-Gemälde an der Kirche San Freddiano in Lucca

Mit Gisela habe ich auch noch telefoniert. Sie war schon am Aufbrechen, fährt um 20.30 Uhr in Bonn weg und soll um 7.45 Uhr in Mailand sein.

Donnerstag, 11. Oktober 2007, Altopascio

Um 7.45 Uhr war Gisela nicht in Milano. Der Zug hatte Verspätung. Ihren Zug um 9.00 Uhr nach Firenze (Florenz) erreichte sie trotzdem. Aber der hatte dann auch Verspätung. Deshalb hat sie den Zug, der um 13.30 Uhr aus Firenze in Lucca ankam, nicht erreicht. Ich hatte mir die Verbindung Mailand – Lucca mühsam erfragt und stand enttäuscht am Bahnsteig. Gisela kam nicht. Ich telefonierte herum, aber das half nichts. Also wartete ich und wartete und lernte den Bahnhof von Lucca von allen Seiten kennen. Um 14.30 Uhr kam sie dann und wir waren beide froh, dass es mit unserem Treffen doch noch geklappt hat.

Gisela wollte noch in die Stadt, aber vorher tranken wir noch einen Kaffee. Zum Dom und zu San Michele gingen wir noch und dann noch zum Geburtshaus von Puccini. Dann ging's raus aus der Stadt, noch kurz zum Sanktuarium der Heiligen Gemma und dann bis Porcario fast immer an der Straße entlang. Aber das war nun nicht mehr so öde wie bisher. Wir konnten wenigstens ab und zu nebeneinander laufen und was reden.

In Porcario fragten wir uns zu dem Hotel durch, fanden auch wieder einen Mann, der uns fast bis vor die Tür des Hotels begleitete und mussten dann hören, dass es voll belegt sei.

Wir haben andere Passanten nach einem anderen Hotel gefragt. Einer – in Jägerklamotten – setzte uns einfach in seinen Geländewagen und fuhr uns zu zwei Unterkünften. Alle waren belegt. In Lucca ist am Wochenende eine große Messe und rundum ist alles voll. Er fuhr uns noch bis Altopascio, wohin ich ursprünglich gewollt hatte. Dort fragten wir uns zur Foresteria durch. Weil das nun mal wieder kostenlos ist, gönnten wir uns ein gutes Abendessen. War richtig gut. Nach der Unsicherheit am Vormittag renkte sich nun alles wieder ein.

Freitag, 12. Oktober 2007, San Miniato Basso

Der Italiener, der schon vor uns in der Foresteria im Nachbarzimmer untergekommen war, zog heute Morgen schon los, als wir aufstanden. Ich hatte gut geschlafen und war nach den Ruhetagen in Lucca noch immer ausgeruht. Wir liefen erst mal wieder längere Zeit am Rand der Straßen. Aber schon bald wurden wir auf die alte, echte Via Francigena geführt, die noch das mittelalterliche Pflaster hat. Auch im Dorf Galleno war klar sichtbar, dass die Häuser rechts und links der Pilgerstraße gebaut wurden. In einem Schreibwarengeschäft gab es sogar einen Pilgerstempel, den man oft sogar in den Domen vermisst.

Hier durften wir auf der echten alten Trasse der Via Francigena wandern

Ein besonders schöner Abschnitt war ein Pistenweg durch eine Heidelandschaft mit viel Stechginster, Birken, Dorngestrüpp und vielen jungen Kiefern. Ich wunderte mich erst, wie eine solch große Heidefläche entstehen konnte. Da fanden wir dann verkohlte Baumstümpfe, die sicher von einem Waldbrand stammen. Wir fanden auch wieder die schönen Strauchbeeren Corbezzoli. Einige haben wir gegessen. Vor San Miniato war noch mal viel Straße zu gehen, aber ich fand einen Damm, der parallel zur Straße verlief und frisch gemäht war und auf dem wir längere Zeit gehen konnten. In San Miniato fanden wir die Herberge schnell. Der Italo-Pilger war schon da. Wir bekamen zwei von den vier Betten. Einen Sanitärraum gibt's auch.

Dann haben wir den Fehler begangen, mit unserem Zimmergenossen zu vereinbaren, dass wir nach Duschen und Wäschewaschen zusammen essen wollten. Eigentlich wollten wir einkaufen und selbst was bereiten. Aber dann gaben wir seinem Drängen nach und suchten nach einer billigen Pizzeria. Das war alles recht schwierig und am Schluss bekam ich zur Pizza statt einem Bier einen Cola-Verschnitt. Und geredet hat er ohne Unterbrechung und Gisela war mit zuhören und übersetzen beschäftigt. Jetzt wollte er uns noch eine längere Tour bis San Gimignano einreden und statt über die Hügel durch die Ebene und auf Straßen gehen. Gisela hatte es schwer, ihm klar zu machen, dass wir das nicht wollen. Wir werden in Ruhe San Miniato anschauen und dann die Tour wie vorgesehen gehen. Hier waren wir heute der 180. und 181. Pilger des Jahres 2007.

Samstag, 13. Oktober 2007, Gambassi Terme

Remo hatte am Abend schon zwei- oder dreimal seinen Rucksack umgepackt. Als er dann heute Morgen losging, war er schnell fertig und weg. Wir haben in Ruhe unser Müsli-Frühstück gegessen, gepackt und waren um 8.30 Uhr auch auf dem Weg. Einen kurzen Aufstieg nach San Miniato Alto fanden wir auch. Entgegen den Angaben im Führer war er sogar markiert. Wir waren in der Kirche des Franziskaner-Konvents und am Fuß des Turmes, der 1944 von deutschen Truppen beim Rückzug gesprengt worden war. Nach dem Krieg wurde er restauriert, weil er ein wichtiges historisches Monument ist. San Miniato Alto heißt mit zweitem Namen auch San Miniato Tedesco, also

„Deutsches Miniato“, weil dort mal das Verwaltungszentrum des Heiligen Römischen Reiches Deutscher Nation war und Kaiser Friedrich I., Enkel von Barbarossa, von dort aus regiert hat. Was einen Kommandeur veranlassen kann, ein solches historisches Monument, das ja keinen militärischen Wert mehr hatte, sprengen zu lassen, ist mir rätselhaft. Einfach nur Rache, und wenn, an wem?

Der wieder aufgebaute Turm von San Miniato Alto

Der Weg war heute wieder durchgehend markiert, manchmal mit fünf verschiedenen Zeichen am gleichen Pfahl.

Anfangs war die Aussicht über die Hügel der Toskana wieder diesig. Trotzdem war es sehr schön. Wir hatten gute Wege, selten auf Straßen, dafür Pisten, Feldwege, Waldwege, einmal sogar einen herrlichen Hohlweg, der tief in den Lößboden eingegraben war. Viele Einzelgebäude gibt es, an denen wir vorüber kamen: Die Landhäuser der Reichen, Ferienanlagen, aktive Bauernhöfe, verlassene, verfallende

Bauernhöfe und auch Ruinen. Wir hatten gute Gespräche, liefen aber auch oft schweigend. Gerastet haben wir an einem Gebäudekomplex mit Pool und Spielplatz. Das war wohl eine Ferienhaus-Anlage. Gesehen haben wir niemand. An Bauernhäusern haben wir immer mal wieder nach Wasser gefragt. Die Leute waren stets hilfsbereit und gaben uns gute Wünsche mit.

Am Nachmittag sahen wir dann auf einem nicht mehr allzu fernen Hügel ein großes, weißes Gebäude noch mit kleineren drum herum. Das wird wohl unser Tagesziel sein, dachten wir. Die Wege führten auch lange in vielen Mäandern um die Hügel herum und darauf zu, aber schließlich doch weit daran vorbei. Es kam zum Schluss halt wieder ein größerer Anstieg, der mich auch richtig schlauchte. Ich hätte wohl mehr trinken sollen.

In Gambassi stoppten wir an der richtigen Kirche, fanden aber keinen Pfarrer dazu. Er hatte den Anrufbeantworter geschaltet. Schließlich sahen wir neben der Kirche an einem Gebäude eine offene Tür und hörten Stimmen. Bei diesen Leuten erfuhren wir dann, dass der Pfarrer gerade weiter oben im Ort eine Messe lese.

Wir gingen zu dieser Kirche, warteten auf dem schönen Platz davor, sahen den Leuten auf dem Platz zu und aßen ein wenig was aus dem Rucksack. Ich war kurz vorher noch einkaufen und bekam als Pilger ein Brot geschenkt. Als Gisela mit dem Pfarrer sprechen konnte, zeigte er sich offen und freundlich. Wir konnten in eine Aula oder Gemeinderaum, haben dort Toiletten, aber keine Duschen. Zwei Gymnastik-Matten sind auch da, Tische und Stühle auch.

Wir haben auf dem Esbit-Kocher eine dicke Suppe gekocht und mit Brot und Käse gegessen. Gisela hatte vor der Kirche von einer Nonne auch erfahren, dass die Gemeinde dabei sei, eine richtige Pilgerunterkunft einzurichten.

Sonntag, 14. Oktober 2007, San Gimignano

Bequem war das nicht heute Nacht. Wir hatten ja nur unsere dünnen Schlafsäcke, warm geduscht hatten wir auch nicht und Wolldecken, wie wir sie sonst in den Quartieren finden, gab's auch nicht. Ich hatte auch noch seltsame Beklemmungen im Brustkorb, die mir am gestrigen Nachmittag schon das Tragen des Rucksacks so schwer gemacht hatten. Trotzdem bin ich immer wieder eingeschlafen. Von Gisela hörte ich meist ruhige Atemzüge. Irgendwann merkte ich aber, dass sie wach sein müsste.

„Frierst Du auch?" fragte ich. „Ja!" Also kroch ich aus dem Schlafsack, zog meinen Anorak an, den ich bisher kaum mal tagsüber gebraucht hatte, und holte für Gisela meinen Biwaksack. Das half. Sie konnte danach warm schlafen und ich fror nur noch an der Hüfte, weil so weit runter der Anorak nicht reichte. Ich bin dann erst wach geworden, als es im Raum schon taghell war. Wir hatten die wachen Zeiten von vor Mitternacht am frühen Morgen nachgeholt.

Wir waren bald fertig und aus Gambassi raus. Es war wieder eine schöne Wanderung meist auf Pisten und Feldwegen, manchmal durch kleine Wäldchen, vorbei an schönen Höfen und Landhäusern. Anfangs war es wieder diesig, aber gegen Mittag wurde die Luft klarer.

Unser Tagesziel San Gimignano hatten wir gestern Abend von der Piazza aus schon gesehen. Auch von unterwegs sahen wir es immer mal wieder. In der Wallfahrtskirche Santuario di Pancole kamen wir mitten in die Predigt und blieben dann auch bis zum Schluss des Gottesdienstes. Unter der Kirche war eine Art Katakombe mit einer Geburtsszene und vielen Heiligenfiguren in grellen Farben. Auch diese Wallfahrtskirche war 1944 von deutschen Soldaten zerstört worden und auch da ist nicht zu sehen, welchen strategischen Wert ein solcher Akt hätte haben können.

Der Stall von Bethlehem unter der Wallfahrtskirche von Pancole

Mittagsrast haben wir im Schatten großer Pinien und Zypressen gehalten vor einem Haus neben einer verschlossenen Kirche. Da sahen wir, wie ein Jäger gefangene Amseln im Käfig ins Haus trug. Überhaupt hat es heute wieder ringsum kräftig geballert. Das sind wirklich richtige Sonntagsjäger. Ein Wegstück mussten wir auf groben Ackerschollen bewältigen, denn der Bauer hatte bis dicht an die Hecke gepflügt, an welcher der Weg hätte entlang führen sollen.

In San Gimignano waren wir schon kurz nach 14.00 Uhr, also mitten in der Siesta. Sowohl das Info-Büro als auch der Augustinerkonvent öffneten erst um 15.00 Uhr wieder. So trugen wir unsere Rucksäcke durch die mit Touristen – vor allem deutschen – gut gefüllten Gassen, warteten vor dem Info-Büro, bekamen dann dort auch einen Stempel und einen Stadtplan und gingen zu den Augustinern. Der Konvent hat eine große schöne Kirche und ebensolche Konventsgebäude. Wir wurden als Pilger freudig, nicht nur freundlich, begrüßt. Der Mönch am Empfang bat gleich um unsere Pilgerpässe, staunte über meine vielen Stempel, führte uns durch den Kreuzgang und große schöne Hallen und Treppenhäuser in die Etage über dem Kreuzgang. Dort haben wir nun je eine eigene Zelle, die beide mit zwei Betten ausgestattet sind. Giselas Zelle geht auf den Kreuzgang hinaus, meine liegt gegenüber und durch das spitzbogige Fenster habe ich einen schönen Blick ins Tal und weit ins Land. Alles ist schön, sauber, gediegen ausgestattet mit alten Möbeln. Das ist nun der krasse Gegensatz zu gestern. Wir haben beide schon Wäsche gewaschen, geduscht und sind noch gründlich durch dieses Touristenstädtchen gebummelt. Gut und reichlich zu Abend gegessen haben wir auch. Mein Tief ist wohl überwunden.

Einige der viele mittelalterlichen Wohntürme von San Gimignano

San Gimignano scheint mir das Rothenburg der Toskana zu sein. Hier wie dort gibt es auch ein Foltermuseum und man muss überall nicht zu knapp Eintritt bezahlen, sogar in den Dom. In Santillana del Mar in Nordspanien war das ja ganz ähnlich. Fehlt nur noch das Weihnachtskaufhaus mit „Stille

Nacht…“ Beim Fotografieren muss man sich richtig zurück nehmen, damit man nicht viel zu viele Bilder macht. Es gibt wirklich unzählige schöne Motive. Das Städtchen ist ja auch Weltkulturerbe der UNESCO.

Montag, 15. Oktober 2007, Castelina Scalo

Eigentlich sollten wir jetzt in der alten Bergfestung Montereggione sein. Wir hatten sie hoch auf dem Berg schon lange gesehen, bevor wir sie erreichten. Dort gibt es ein „Casa per Ferie“, in dem wir hätten schlafen können. Als wir den dafür zuständigen Pfarrer anriefen, kam er nach einiger Zeit mit dem Auto und fragte, ob wir in dem Haus bleiben wollten oder mit ihm ins Pfarrhaus kämen. Da könnten wir auch zusammen zu Abend essen. Ich habe gleich akzeptiert. So sind wir wieder einige Kilometer zurück gefahren worden, den Berg wieder runter, den wir vorher mühsam – ich wenigstens – rauf gestiegen waren. (Inzwischen habe ich im Wörterbuch nachgeschlagen. Scalo heißt Landeplatz oder Zwischenlandung. Passt doch!) Der Pfarrer ist nun noch zu einer Sitzung nach Siena gefahren und wenn er zurückkommt, soll es das Abendessen geben. Er spricht gut englisch, was uns die Unterhaltung bei Tisch erleichtern wird.

Heute haben wir rund 32 Kilometer geschafft, die alle nicht schwierig waren. Die Hügel sind sanft, es gibt schöne Feld- und Waldwege und weite Aussichten bei azurblauem Himmel.

Am Morgen waren wir um 8.30 Uhr vor dem Augustiner-Konvent gewesen, versehen mit den guten Wünschen des Mönchs, der uns gestern begrüßt hatte. Wir passierten einige schöne Orte: Zuerst kamen wir an dem mächtigen Schloss Castel Petraia vorbei, das wohl ein teures Hotel beherbergt. Die Kirche Santa Maria in Badia Coneo war zwar verschlossen, aber auch von außen schön genug, rein romanisch. Die Reste des ehemaligen Zisterzienser-

Klosters von Badia Isola waren ebenso sehenswert. Was wir von Montereggione noch sehen werden, wird sich morgen zeigen.

Die Kirche Santa Maria in Badia Coneo

Dienstag, 16. Oktober 2007, Siena

Das Abendessen für uns alle haben ein Kosovo-Albaner und seine Frau zubereitet. Die beiden sind schon seit zehn Tagen hier als Gäste. Später erfuhren wir, dass die Frau eine medizinische Untersuchung brauchte, die es zu Hause nicht gab.

Don Doriano kam etwas später. Da hatten wir den Pasta-Gang schon gegessen. Nun erfuhren wir auch, dass es bei der Sitzung um Flüchtlinge aus dem Kosovo ging, die nach acht oder neun Jahren in Italien wieder zurück sollen. Er ist da wohl stark engagiert.

Für die Via Francigena macht er sich auch stark, hat unsere Pilgerpässe und Teile unseres Führers kopiert und uns erzählt, dass heute ein Treffen der Leute stattfinden wird, die Herbergen unterhalten.

Nebenbei bekamen wir ein richtiges italienisches Menu, auch mit einem Wein aus einem Kirchengut. Er sagte auch, dass er gerne Pilger am Tisch habe. Das seien interessante Leute und abends habe er Zeit für sie.

Nach dem Frühstück mit gutem Espresso trafen wir uns noch mit ihm in seiner Kirche. Er zeigte uns eine lächelnde Madonna, 700 Jahre alt und von einem deutschen Künstler gestaltet. Danach standen wir zu Dritt vor dem Altar und haben – jeder in seiner Sprache – das Vaterunser gesprochen. Vor der Kirche machten wir noch Abschiedsfotos und wurden von Don Doriano mit Küsschen rechts und Küsschen links verabschiedet.

Wir gingen etwa zwei Kilometer an der Straße entlang, um wieder nach Montereggione zu kommen, stiegen nochmals auf zu dem befestigten Dorf, das nun völlig ohne Touristen war mit einer menschenleeren Piazza.

Die Kirche dort oben haben wir besucht. Sie ist romanisch schlicht und schön. Eine Runde auf der Stadtmauer wollten wir auch noch gehen, waren dafür aber noch zu früh dran. Der Zugang war noch verschlossen. So zogen wir auf der anderen Seite hinab in das Tal und gegenüber wieder hoch. Das mächtige Schloss von Chiocciola passierten wir auf schönen Wegen zwischen Olivenplantagen.

Wie üblich waren es dann wieder Straßen voller Verkehr und meist ohne Seitenstreifen oder Gehwege, die uns hinein nach Siena führten. Einmal liefen wir eine längere Strecke hinter der Leitplanke auf schmalem Gehweg. Rechts war eine hohe Mauer, so dass wir entgegenkommenden Passanten mit unseren Rucksäcken kaum ausweichen konnten.

Die Altstadt von Siena ist fantastisch. Als Pilger nähert man sich ja ganz langsam durch die Vororte. Von außen her sind diese Städte erst mal so hässlich wie alle Gewerbegebiete und Industriezonen am Stadtrand.

Siesta auf der Piazza del Campo in Siena

Aber je näher man dem Zentrum kommt, desto besser und schöner wird es. Und die Piazza del Campo in Siena war riesig und schön mit monumentalen Gebäuden und voller Siesta haltender Menschen. Wir suchten und fanden das Haus der Caritas-Schwestern und wurden mit offenen Armen empfangen, bekamen gleich noch ein Menu vorgesetzt, das auf Plastiktellern serviert wurde, aber bestens schmeckte. Das Pilgerzimmer hat vier Betten. Drei werden nun belegt sein, denn es kam noch eine junge französische Pilgerin dazu. Wir gingen erst mal in die Stadt, vor allem zum Dom, aber auch einfach durch die Straßen und Gassen bummeln, haben auch ein Eis gegessen und Gisela suchte noch das Bild von Santa Catarina mit den Lilien in der Kirche St. Dominicus.

Mittwoch, 17. Oktober 2007, Ponte d'Arbia

Wir waren gestern ja auch noch zum Abendessen eingeladen bei den Caritas-Schwestern. Es verlief in einer merkwürdigen Atmosphäre. Die Schwester Teresita, die mittags so überschwänglich freundlich war, wies uns ganz streng unsere Plätze an neben einigen merkwürdigen Leuten, deren Rolle ich nicht verstand. Ich vermute, dass es Menschen waren, die wegen irgendwelcher Probleme bei den Schwestern Unterschlupf gefunden hatten. Als ich nämlich nach dem Frühstück unsere Spende übergab, sagte Schwester Ginetta: "Das nehmen wir für die Armen." Schwester Ginetta hat uns danach ganz lieb mit Küsschen verabschiedet.

Wir sind den Mäandern der oft nur mäßig markierten Wegführung gefolgt. Die Landschaft war wieder ganz anders als vor Siena. Dort gab es eine leuchtend rotbraune Erde und auch Wälder. Heute war die Erde graubraun oft fast weißgrau und die Felder wurden immer riesiger. Oft waren ganze Hügel und die Senke dazwischen ein einziges frisch gepflügtes und geeggtes Feld. Entsprechend groß waren die Umwege, welche die Pisten und Feldwege darum herum nahmen. Es gab auch keine Wälder mehr, kaum noch Hecken und den ganzen Tag keinen Schatten.

Manchmal folgt der Pilgerweg in der Toscana langen Pinienalleen über weite sanfte Hügel

In Cuna trafen wir auf einen mittelalterlichen befestigten Bauernhof. Daneben gibt es eine einfache Backsteinkirche St. Jacobo und Cristoforo, die im Innern noch Fresken mit dem Hühnerwunder haben soll. Sehen konnten wir die nicht. Die Kirche war mal wieder zu. Aber es gibt eine Info-Tafel, die darauf hinweist, dass da früher auch die

Jakobspilger vorbei kamen und Herberge fanden, nicht nur die Rompilger.

Am Schluss wurde der Weg dann ganz einfach. Wir gingen mindestens drei, eher fünf Kilometer an einer Bahnlinie entlang. Der Zugführer eines Triebwagens hupte uns, als er zum zweiten Mal an uns vorüber fuhr. Das gab's bisher auch noch nicht. Der Tag ohne Schatten wäre härter gewesen, wäre der Himmel nicht leicht bewölkt gewesen. Vielleicht sind das die Vorboten des angekündigten Wetterwechsels. Es waren jedenfalls die ersten Wolken seit der Po-Ebene.

Stilleben an einer Häuserfront in Ponte d'Arbia

Am Ortsrand von Ponte d'Arbia ließen wir uns den Weg zum Centro Culturale erklären, wo es 10 Betten geben sollte. Wir sind dreimal daran vorbei gegangen, weil das Haus von außen halb verfallen wirkte. Das konnte kein Kulturzentrum sein! Auch ein daneben stehendes Schild mit einer idiotischen Markierung darunter half nicht weiter. Wir drehten eine sinnlose Runde durch das Gelände dahinter. Schließlich bekamen wir den richtigen Tipp, an welcher Tür wir läuten mussten. Ein junger Mann telefonierte dann, fuhr mit seinem Roller los und kam mit dem Schlüssel zurück. Aber damit waren wir immer noch nicht im Haus. An der Haupteingangstür passte keiner der Schlüssel aus dem Bund. Wir mussten erst auf die Idee kommen, es am Hintereingang zu versuchen. Am Haupteingang stand ein schöner Spruch, der sinngemäß lautete: „Beherberge den Fremden, denn manch einer hatte schon einen Engel zu Gast, ohne es zu wissen."

Innen ist das Haus schön in Ordnung. Es gibt Betten und eine funktionsfähige Küche, in der wir uns auch schon ein warmes Essen gemacht haben. Dafür habe ich im Dorf erst mal lange nach einer Einkaufsmöglichkeit gesucht. Wein steht in Mengen herum und ich habe mich da auch schon bedient.

Donnerstag, 18. Oktober 2007, San Quirico d'Orcia

Heute gibt es mal wieder nicht viel zu berichten. Wir sind recht spät wach geworden und haben nach dem Müslifrühstück wie gewünscht den Schlüssel unter die Fußmatte gelegt und sind losgezogen. Erst mal wieder für rund drei Kilometer an der Bahnlinie entlang und um einen großen Hof herum. Dann wurde die Piste zur Asphaltstraße und dabei blieb es dann den ganzen Tag. Buenconvento hatte sich selbst auf einem Schild am Ortseingang als einen der schönsten Marktflecken Italiens bezeichnet. Aber so toll fanden wir das beide nicht. Auch hier musste ich wieder lesen, dass die deutsche Armee 1944 ein historisches Stadttor gesprengt hat. Warum und wozu?

In Torrenieri fanden wir einen Supermarkt, der hatte, was wir suchten. Danach hielten wir vor der Kirche ein reichhaltiges Picknick. Diese Kirche war der Maria Magdalena geweiht und wir konnten dort lesen, dass Maria Magdalena die Schutzpatronin der Via Francigena sei. Das muss ich meiner Maria Magdalena unbedingt sagen. Und dann kam wieder eine lange, gewundene Provinzstraße über die Hügel der „Crete Senesi" und in San Quirico die Enttäuschung, dass für uns kein Platz in der Herberge war. Das Info-Büro half weiter. Wir haben ein immer noch recht preiswertes Zimmer gefunden, sogar mit Heizung und der Möglichkeit, mal wieder das Gewaschene schnell trocken zu bekommen.

Freitag, 19. Oktober 2007, Radicofani

Wir sind in einer richtigen Pilgerherberge gelandet, die St. Jakob und St. Petrus gleichzeitig dienen soll. Im Führer steht: Einfache Liege. Vorhanden sind ein Raum mit sechs Betten, ein Raum mit zwei Betten, eine gut eingerichtete Küche, Sanitärraum mit warmer Dusche. Was will man mehr? Das Haus wird von der Jakobus- und Petrusbruderschaft von Perugia betreut.

Aber der Reihe nach: Erst haben wir Maria angerufen und zum Geburtstag gratuliert. Aus San Quirico haben wir dann leicht raus gefunden. Bald waren wir auf Pisten, die uns durch die weite, offene Hügellandschaft führten, in der die Bauernhöfe immer weiter voneinander entfernt stehen und wo die Felder immer riesiger werden. Hier macht ein einziger Acker schon fast eine ganze Landschaft aus. Alles ist entweder frisch gepflügt oder schon geeggt und eingesät. Aber das alles hat die gleichen milden Brauntöne. Ich versuche mir die ganze Zeit vorzustellen, wie dieses Land im Frühling oder Sommer aussehen könnte.

Ein erster schöner Ort war Vignoni Alta mit seiner Burg und dem winzigen alten Dorf. Bagno Vignoni kam bald danach und wir haben uns Zeit gelassen, die von einem großen Thermalbecken beherrschte Piazza zu umrunden und zu den historischen Becken am Hang zu gehen, wo einst die Pilger badeten und sich erholten. Heute müssten wir dazu in ein Hotel gehen, wo ich für eine Nacht das Geld für drei Wandertage verbrauchen würde.

Die Piazza aus Thermalwasser in Bagno Vignoni

Danach mussten wir 6,5 Kilometer auf der SS 2 Cassia gehen, aber diese Straße war nicht allzu stark befahren und es gab breite Bankette zum Ausweichen. Um die Mittagszeit haben wir an einer Bar Porchetta gegessen. Das sind dünne Scheiben von einem im Ofen gegarten Spanferkel, die zwischen zwei Brötchenhälften geklemmt sind. Das schmeckte ganz gut und soll eine regionale Spezialität sein. Und preiswert war's auch.

Auf der SS Cassia kämpften wir dauernd mit einem heftigen Wind, fast Sturm, der uns beinahe umgeblasen hätte. Er wehte von links von den Bergen und drückte heftig auf unsere Rucksäcke. Wir waren froh, als wir von der offenen Straße weg kamen, über Felder, durch ausgetrocknete Bäche und entlang von Hecken gehen durften. An einem solchen Feldweg tauchte ein alter Bauernhof auf und wir staunten, dort eine Kapelle zu finden, die San Pellegrino geweiht war. Die Kapelle war fast eine Ruine. Das riesige Haus daneben auch. Da soll mal ein Pilgerhospiz gestanden haben. Mit mir ging die Fantasie durch, was man hier mit diesen Gebäuden Schönes für die Pilger machen könnte. Wir waren nahe daran, einen der Räume zu säubern und eine Nacht zu bleiben. Aber dann wären wir nicht am 26. oder 27. Oktober in Rom gewesen.

Die fast verfallene Kapelle San Pellegrino

Danach kamen wir auf die alte Via Cassia, auf der uns nur zwei Autos begegneten und auf deren alter, brüchiger Teerdecke wir gut gehen konnten Der Aufstieg von der Via Cassia nach Radicofani war im Führer so beschrieben: Nach acht Kilometern auf dieser Straße und 360 Metern Höhenunterschied erreichen Sie Radicofani." Und das zog sich hin! Sanft war der Aufstieg in vielen Serpentinen, aber schier endlos. Irgendwann müssten wir doch mal oben sein. Aber immer, wenn ich dachte, nach der nächsten Kurve hätten wir es geschafft, ging es noch mal eine Runde weiter. Und der Wind wurde wieder heftig und auch kälter – aber bei stetem Sonnenschein und wenigen Wolken.

Und dann kamen wir in das Bergdorf, gingen durch die enge Hauptstraße zur Kirche, telefonierten ergebnislos nach

Don Elia, dem Gisela gestern schon aufs Band gesprochen hatte, dass wir übernachten wollten. Dann fragten wir nach der Herberge, an der wir schon vorbeigegangen waren und standen vor verschlossener Tür. Läuten half nichts. Aber von hinten wurden wir von einer alten Frau angesprochen, die uns fragte, ob wir die angekündigten Pilger seien, und dann die Schlüssel holte. Nachdem wir die Küche gesehen hatten, war klar, dass wir das Abendessen selbst zubereiten würden. Gisela ging einkaufen, ich duschte und begann zu kochen. Vorräte waren da und auch eine angebrochene Flasche Chianti-Wein. Für das alles dürfen wir eine Spende machen.

In einem der Räume fanden wir Pelerinen mit Muschel und Goldborten. Mit denen haben wir uns fotografiert und dann auch noch ein Bild entdeckt, auf dem Papst Benedikt mit einer solchen Pelerine bekleidet ist. Das haben wir dann gleich auch noch fotografiert.

In den letzten Tagen haben Gisela und ich auch über Glaubensfragen gesprochen. Angefangen hat das damit, dass Gisela in Siena die Kirche mit dem Bildnis der Heiligen Catarina besucht und einiges über deren Leben erfahren hatte. Die Catarina hatte sich in ihrer Klosterzelle selbst den Rücken blutig geschlagen. Das, sagte ich, hat Jesus nie von uns verlangt. Wir müssen uns Gnade und Vergebung nicht erdienen, indem wir uns selbst zerstören. Jesus hat uns einen Gott verkündigt, der uns aus Liebe vergibt, aber erwartet, dass wir aus Dankbarkeit und Glauben, die anderen Menschen und die ganze Schöpfung lieben und ehren: die guten Werke als Früchte des Glaubens, aber nicht als Vorraussetzung, um Gnade zu verdienen.

Wir haben über das Gleichnis von den verlorenen Söhnen gesprochen und über die Arbeiter im Weinberg und darüber, dass der Gott, den Jesus Vater, Abba = Väterchen, nannte, in seiner Güte sogar ungerecht zu sein scheint, indem er viel Arbeit und wenig Arbeit in seinem Weinberg gleich entlohnt, nicht nach Leistung, sondern danach, was ein Mensch braucht. Wir haben abends darüber gesprochen, von Bett zu Bett, aber auch immer mal wieder am Weg, wenn wir nebeneinander gehen konnten und der Autolärm uns nicht störte.

Samstag, 20. Oktober 2007, Acquapendente

Als wir nach dem Frühstück auf der Straße standen, war klar, dass es heute nicht warm werden würde. Es blies ein eiskalter Wind und am Himmel gab es zwischen dunklen Wolken nur wenige blaue Stellen.

Hinter Radicofani kamen wir schon bald auf die alte SS Cassia, die hier eine asphaltfreie Piste war. Die Höhenunterschiede waren gering und wir kamen rasch vorwärts. Bei solchen Temperaturen muss man sich warm laufen.

Weil heute Samstag ist, waren auch die Jäger wieder unterwegs. Immer mal wieder waren Autos mit Hundeboxen am Wegrand geparkt. Natürlich sahen wir auch alle die Männer mit ihren Bundeswehrparkas mit schwarz-rot-gold am Ärmel hinter den Hecken. Ich war drauf aus, einen dieser Sonntagsjäger zu fotografieren. Und das gelang auch, als mal zwei davon mit ihren Hunden dicht hinter der Hecke am Wegrand entlang gingen. Die haben ziemlich irritiert geguckt.

Seit Tagen lauere ich darauf, mal eine Kuhherde oder einen Rinderstall zu sehen, weil ja hier alle Milch angeblich aus der Region stammt. Heute endlich war die erste Kuhherde vom Weg aus zu sehen, auch ein großer Stall, dazu ein Feld, das frisch mit Gülle gedüngt war und ein Bauer, der mit dem Miststreuer unterwegs war.

Wie allerdings das viele Stroh verwendet wird, das wir in großen Scheunen und auch unter Planen gelagert sehen, ist mir immer noch rätselhaft.

Die Landschaft hat sich wieder geändert. Es gibt mehr Buschwald, tiefe Erosionsrinnen an den Berghängen und Weideflächen für Schafherden.

Als wir in Centeno, einem winzigen Dorf an der SS Cassia unser Mittagspicknick machten, begann es zu der Kälte hin auch noch leicht zu regnen. Gisela zog ihren feuerroten Poncho über, ich hätte endlich mal meinen Schirm aufspannen können. Aber das lohnte sich nicht. In Centeno kamen wir auch an dem Haus vorüber, in das Gallileo Gallilei geflüchtet war, als in Florenz die Pest grassierte. Danach gab es ein interessantes Phänomen: Wir mussten wieder einige Kilometer auf der neuen, viel befahrenen SS Cassia gehen. Und siehe da, die Autofahrer, die sonst dicht an uns vorbeigerast waren, hielten deutlichen Abstand, fuhren gar in der Straßenmitte. Das kann nur an der Warnfarbe von Giselas Poncho gelegen haben.

Wie üblich mussten wir vor Acquapendente wieder mal aufsteigen, weil alle die schönen Städtchen oben auf einem Berg liegen. Aber bei der heutigen Kälte kamen wir sogar dabei kaum ins Schwitzen. Im Städtchen wollten wir zu den Clarissinnen, waren aber zu früh dran, um eingelassen zu werden. Wir trugen unsere Rucksäcke also in die Stadt und als wir sie kurz an der Piazza absetzten – wir hatten gerade eine Caffee coretto getrunken – kam eine Frau auf uns zu, stellte sich als die Herbergsbetreuerin in der „Casa del Pellegrino San Rocco" vor und lud uns ein, da kostenlos zu übernachten. Sie beschrieb uns den Weg, wartete dort auf uns, drückte uns den Schlüssel in die Hand und sagte: „Das ist nun Ihr Haus. Sie dürfen auch länger bleiben, wenn Sie müde sind." Wir haben für eine Nacht akzeptiert.

Sie nannte uns auch eine Gaststätte, in der wir als Pilger eine verbilligte Mahlzeit bekommen würden. Aber als wir dort Platz nehmen wollten, wurden wir abgewiesen. Es sei alles reserviert. So richtig glauben konnten wir das nicht. Samstagabends gehen halt auch die Einheimischen essen, die große Menus bestellen. Wir fragten uns zu einem anderen Restaurant durch und haben dort ein gutes Menu mit Wein, Wasser und Kaffee genossen. Ich hatte ein Wildschweinragout, weil ich mal wieder von der Karte etwas bestellt hatte, was ich nicht übersetzen konnte. Wir hatten einen richtig schönen Abend.

Sonntag, 21. Oktober 2007, Bolsena

Kalt war es heute Morgen als wir aus dem Haus traten. Später sahen wir am Stadtrand von Acquapendente eine Temperaturanzeige: 4°C! Die wenigen Passanten, die uns begegneten, waren eingehüllt als ob es tiefster Winter wäre. Aber wir hatten auch die Anoraks an. Ich habe den meinen ja bisher fast nur nachts gebraucht. Wir kamen kurz vor dem südöstlichen Stadtausgang zur Kirche Santo Sepulcro.

Dort befindet sich in einer sehr schönen romanischen Krypta eine Nachbildung des Grabes Jesu aus der Grabeskirche in Jerusalem. Wir waren ganz alleine in der Kirche. Oben in den Seitenschiffen waren riesige Bilder ausgestellt, die ganz aus Blättern und Blüten gestaltet waren. Das war höchst eindrucksvoll.

Die Nachbildung des „Heiligen Grabes“ in der Kirche San Sepulcro in Acquapendente

Wir gingen danach nur kurz an der Straße entlang, wurden auf eine kleine Nebenstraße geführt und standen nach der Überquerung der neuen SS Cassia an einer Kreuzung ohne jede Markierung. Erst mal gingen wir falsch. Aber diesmal halfen die Kartenskizzen, die ich dabei habe, weiter. Wir fanden an der Campo Moro wieder auf den richtigen Weg. In San Lorenzo schaute ich durch die Glastür einer Bar, um zu sehen, ob wir dort Panini kaufen könnten. Da machte der Wirt schon die Tür auf: „Pilger?“ fragte er auf Deutsch. Aber damit war sein Wortschatz schon erschöpft. Wir aßen eine Pizzaschnitte. Das war dann unser Mittagessen.

Der weitere Weg verlief dann schon bald nicht mehr auf der Straße, sondern auf Pisten und Feldwegen durch kleine Wälder, Felder, Weinberge, vorbei an einigen Bauernhäusern.

Immer mal wieder wurde die Sicht frei auf den Bolsena-See. Der glänzte in der Sonne wie flüssiges Blei.

Dabei blies der Wind wieder derart stark, dass er mich manchmal fast ins Taumeln brachte. Am Rucksack hatte er eine gute Angriffsfläche. Durch Bolsena sind wir langsam gegangen und haben in Ruhe geschaut. Vor dem Dom sind wir wie empfohlen links die Straße aufwärts gegangen, um zum Konvent Santa Maria del Giglio zu kommen, wo Pilger billige Unterkunft bekommen können, Das ging dann fast eine Viertelstunde richtig bergauf. Man muss sich hier jeden Nachmittag noch mal richtig Mühe geben, um zu den Quartieren zu kommen. Nun haben wir wieder Mönchszellen über dem Kreuzgang, richtig stilvolle alte Zimmerchen mit altem Steinboden und alter Decke, mit Tonziegeln am Boden und zwischen den Deckenbalken, uralten, fugenreichen Türen und Fenstern. Und draußen heult der Wind.

Wir sind noch mal runter gegangen in den Dom. Dort begann gerade eine Messe mit Tauffeier. Wir sind geblieben und haben eine engagierte, gestenreiche Predigt erlebt. Gisela verstand mehr als ich. Aber sie meinte, er habe genau in dem Sinne und darüber gepredigt, was wir in dieser Woche diskutiert hatten.

Dieser Dom ist der Ursprung des Fronleichnamstags, weil sich hier einst ein Hostienwunder ereignet haben soll. Der Blutfleck, den eine blutende Hostie auf dem Altarstein hinterließ, wird an einem besonderen Altar verehrt. Unter der Kirche gibt es Katakomben, in denen sich die ersten Christen versammelten.

Montag, 22. Oktober 2007, Viterbo

Die antike Via Cassia mit echt römischem Pflaster

In der Nacht hörte ich immer wieder den Wind heulen. Das konnte ja gut werden! Das wurde es auch. Es war s…kalt und diesig. Die Strecke hinter Bolsena war noch recht abwechslungsreich und ab und zu hatten wir Ausblicke über Land und See. Nach dem Bach Arienda kamen wir auf sehr gut erhaltene Stücke der antiken Via Cassia mit rund 2000 Jahre alter Pflasterung.

Montefiascone wäre eigentlich ein Tagesziel gewesen. Aber wir waren so rechtzeitig dort und es war viel zu kalt, um viel zu besichtigen und zu bummeln. Ein kurzer Besuch am Dom und am Papstpalast musste reichen. In einer Bar haben wir Kaffee getrunken und Kuchen gegessen und sind weiter gezogen. Selbst im Dom war der Wind zu hören. Es klang wie Sphärenmusik in der großen Kuppel. Dann kam ein kurzer Abstieg und wieder waren wir auf der geraden und antik gepflasterten Via Cassia. Wir mussten über eine weite Ebene gehen, nur einmal über einen Hügel. Da konnten wir so schnell gehen, dass wir uns an dem offenen Thermalwasserbecken etwa eine Stunde vor Viterbo eine Pause gönnen konnten. Ich wagte es, trotz kalter Luft und Nieselregen zu zwei italienischen Paaren in das warme Wasser zu steigen. Das roch erkennbar nach Schwefel. Aber es war sehr angenehm. Weniger angenehm war es, wieder raus zu müssen.

Die Stunde bis Viterbo kam uns dann sehr lang vor. Bei Nacht kamen wir an, wurden am Tor bei der Stadtmauer von einem Mann angesprochen, der uns den Weg zu dem gewünschten Quartier zeigen wollte. Das war freundlich und gut gemeint, aber die falsche Adresse. Wir mussten halb um die Stadtmauer herum laufen, fragten uns durch, fanden das Kloster und kamen zur falschen Zeit. Die Mönche waren alle in der Kirche und saßen schweigend im Chor oder vor den Seitenaltären. Trotzdem hat sich einer um uns gekümmert, uns ein kühles, kalt gefliestes Zimmer mit zerbrochenen Scheiben und einer großen Nasszelle gezeigt und auch ein Abendessen angeboten, das wir gerne annahmen. Einen Michelin-Stern hätte es nicht bekommen. Gisela meinte, es sei immer noch viel besser als ein Mensa-Essen. Aber es war so reichlich, dass wir Käse, Thunfisch und Apfel gleich für das Mittagspicknick morgen dabei hatten.

Dienstag, 23. Oktober 2007, Casale Giallo, SS Cassia km 61,2

Von Viterbo hatten wir ja gestern nur die Stadtmauer von außen gesehen. Heute Morgen gingen wir also erst mal durch eines der Tore in die Stadt. Die Straßen waren wieder voller Schüler, die vor der Schule erst mal in die Bar gingen für ein italienisches Frühstück. Es waren auch viele

Mamas im Auto unterwegs, die ihre Bambini zur Schule fuhren. Das alles sieht sehr chaotisch aus, verläuft aber ruhig und gelassen. Gisela hatte das Outdoor-Buch mit dem winzigen Stadtplan in der Hand und steuerte uns durch die Gassen zu den Sehenswürdigkeiten.

Bei der Kathedrale gibt es einen Stadtteil „San Pellegrino“ und dort auch eine Gasse „Vicolo dei Pellegrini“. Als ich das Straßenschild fotografierte, wurden wir von einem Mann mit Zigarre angesprochen. Wir seien doch sicher Pilger. Er sei auch Pilger, habe schon den Camino Frances gemacht, die Via de la Plata und den Camino Portugues und auch die Via Francigena ab dem Gran San Bernadino. Ob wir einen Stempel wollten? In der Kathedrale könnten wir einen bekommen. Also gingen wir mit ihm zur Kathedrale, die aber noch verschlossen war. Da zog er einen mindestens 20 cm langen Schlüssel aus der Tasche und schloss auf. Er war wohl der Mesner. Er sprach auch noch einen Bekannten an, der mit uns in die wunderschöne Sakristei ging. Dort bekamen wir den Stempel. Und dann wurden wir zum Frühstück in eine Bar eingeladen. Der zweite Mann konnte etwas deutsch, hatte in Lübeck und Travemünde gearbeitet.

In der prächtigen Sakristei gab's den Pilgerstempel

Die künstlerisch gestaltete Decke der Sakristei in der Kathedrale von Viterbo

Als wir uns verabschiedeten, war es 10.00 Uhr und wir hatten eine lange Etappe vor uns. Aber so ist das beim Pilgern. Man muss variabel reagieren.

Am Ortsausgang von Viterbo wählten wir die kürzere Alternative und kamen so auf einen tiefen, in den Fels gegrabenen und sehr schönen Hohlweg. Später nach einer Unterführung unter der Superstrada war mal wieder die Markierung unvollständig und die Beschreibung unklar. Wir sind einen langen Umweg gegangen, aber auf breiter Piste. Auch vor der Unterführung und später am Weg trafen wir wieder auf ehemalige Gastarbeiter. Zuerst ein älteres Paar im Auto mit Ulmer Kennzeichen – ich grüßte mit „Grüß Gott", worauf die beiden ausstiegen und mit uns redeten. Später fragten wir nach dem Weg und der alte Man konnte auch etwas deutsch. Und sagte, dass wir auf unseren Weg zur Via Cassia kommen würden. Neben seinem

Grundstück verlief eine alte Römerstraße, die auch zur Cassia führen sollte. Warum solch ein Weg nicht markiert ist, sondern die Pilger an der verkehrsreichen Cassia entlang geführt werden, ist mir nicht verständlich.

Ein bisschen Spott darf ja zwischendurch auch mal sein:

Alle Italiener heißen gleich: „Attendi" mit Vornamen und „al Cane" mit Nachnamen. Das steht an jedem Tor, an jeder Türe. Entsprechend ist das Hundegekläff, das meinen Weg seit der Grenze begleitet. Wenn es doch bloß ein Hund pro Grundstück wäre. Aber es sind zwei, drei, fünf oder manchmal auch zwölf Hunde, die dann ein ohrenbetäubendes Gebell veranstalten. Am giftigsten bellen die ganz kleinen Köter. Manchmal mache ich mir den Spaß, auf einen davon ruckartig zuzugehen oder ihn mit dem Stockschirm zu bedrohen. Die ziehen dann sofort den Schwanz ein und flüchten. Drehe ich mich um, sind sie sofort wieder da. Bis jetzt gab es nur selten freundliche Tiere. Einmal welche, die mit uns gehen wollten, das liebe Tier bei Danilo Parisi an der Fähre und auch mal ein Hündchen, das an mir hoch sprang und mir die Hand küssen wollte.

Unterwegs wurde uns von einem anderen Mann noch frisches Wasser aus tiefem Brunnen angeboten. Der Umweg hatte den Vorteil, dass wir nur ein kurzes Stück an der verkehrsreichen Straße gehen mussten. In einem großen Olivenhain haben wir unser Mittags-Picknick gehalten, in Vetralla waren wir nur kurz, denn wir hatten uns entschieden, weiter zu gehen Als wir nach einer Wanderung auf schönem Waldweg wieder an der Cassia standen, beschlossen wir, zum nächsten Bed & Breakfast zu gehen und nach einem Zimmer zu fragen. Das Haus lag direkt am markierten Weg und wir wurden sofort als Pilger begrüßt. Es übernachten wohl immer wieder welche hier.

Heute war auch der Unrat an den Wegrändern, selbst in dem ansonsten wunderschönen Hohlweg, wieder gewaltig. Was hier alles ins Gelände geworfen wird, ist unglaublich. Da haben die Italiener solch ein schönes Land und verschmutzen es derart, dass ich denke, sie können es weder lieben noch schätzen.

Mittwoch, 24. Oktober 2007, Campagnano

Gestern bekamen wir noch ein ganz wunderbares Abendessen mit einem großen Teller Pasta, zarten gebackenen Leberscheiben mit hausgemachten Pommes-Frites in Rosmarin-Öl. Dazu einen Weißwein aus Montefiascone, ein einfacher Tafelwein und trotzdem richtig gut.

Der Wein des Bischofs Johannes Fugger

Die legendäre Geschichte des edlen deutschen Bischofs Johannes Fugger – zu sehen auf dem steinernen Grabmal in der wundervollen Kirche in Montefiascone – besagt:

Johannes Fugger, Liebhaber eines guten Tropfens, war auf der Reise nach Rom. Er schickte seinen Diener Martin voraus, damit er die Weine verkoste. Er sollte an die Tore jedes Ortes das lateinische „Est!" schreiben, wenn der Wein dort gut war, „Est! Est!", wenn er bestens war.

In Montefiascone fand der Diener den Wein so gut, dass er dreimal „Est!" schrieb. Seit dem Jahr 1111 ist das „Est! Est! Est!" berühmt geworden.

Auch an kühlen Tagen ist viel Leben auf den Straßen und vor den Bars

Unsere Gastgeberin hatte uns empfohlen, früh los zu gehen, denn es könnte am Nachmittag regnen. So ließen wir uns das Frühstück schon um 7.00 Uhr geben. Das war wieder italienisch, aber wir bekamen noch Abschiedspralinen und Abschiedsküsschen. Die Frau musste noch in der Dunkelheit weg zur Arbeit. Wir dagegen warteten, bis wir die Wegmarkierungen sehen konnten. Der Weg führte dann durch große Hasel- und Walnussplantagen. Ich habe immer wieder Haselnüsse aufgesammelt und im Gehen geknackt.

Capranica war bald erreicht und Sutri auch. In Sutri besichtigten wir das Amphittheater. Das ist komplett aus dem Tuffstein heraus gemeißelt – eine unglaubliche Leistung der Etrusker.

Ein Blick in das aus dem Tuffstein gemeißelte Amphitheater von Sutri

Die Kirche daneben, ebenfalls in den Stein gegraben, konnten wir nicht besichtigen, weil wir zu spät dran waren. Danach kam viel Straße, auch entlang der vierspurigen, autobahnähnlichen Cassia ab Monterosi. Das war eine echte Buß-Übung kurz vor Rom.

Der Abfall an den Straßen und Wegen wird zudem immer widerlicher. Schön dagegen ist, dass man hier als Pilger wirklich respektiert und freundlich behandelt wird. Sogar kroatische Gastarbeiter, die bei der Olivenernte waren, haben uns angesprochen. Oft grüßen die Traktor- und LKW-Fahrer. Und gute Auskünfte bekommt man immer.

In Campagnano waren wir nach über 30 Kilometern kurz nach 17.00 Uhr, fragten nach der Pfarrei und dem Pfarrer und bekamen die Empfehlung, einfach um 18.00 Uhr zur Messe zu gehen. Da haben wir zuerst ab 17.30 Uhr das Rosenkranz-Beten mitgemacht, dann die Messe, wurden von Don Renzo begrüßt und bei der Predigt angesprochen. Danach brachte er uns in sein Gemeindehaus und ließ uns von einem Mitarbeiter ein Fertigmenu bringen. Schlafen dürfen wir auf Matratzen auf dem Fußboden in der Bibliothek und schöne Wolldecken gibt's auch. Bezahlen dürfen wir per Spende, die wir in eine Pappschachtel auf seinem Schreibtisch legen dürfen. „Aber wenn sie etwas brauchen, können Sie sich auch etwas nehmen", sagte er.

Donnerstag, 25. Oktober 2007, Casa San Gabriele, Rom

Wir sind einen Tag zu früh in Rom, zwar nicht im Zentrum, sondern weit draußen an der Via Trionfale. Das ist eine dieser endlosen Stadteinfahrten wie die Cassia und zweigt in La Storta von ihr ab. In La Storta wollten wir eigentlich übernachten, aber an der ersten OR-Adresse waren wir schon vorbei und an der zweiten – bei den Suore Le Poverelle – war belegt. So mussten wir im Regen und gegen viel Verkehr noch vier bis fünf Kilometer stadteinwärts gehen, bis wir San Gabriele fanden.

Heute Morgen erlebten wir eine unangenehme Überraschung. Als wir das Gemeindehaus verlassen wollten, waren alle Türen abgeschlossen. Das hatten wohl die jungen Leute getan, die sich abends im Erdgeschoss aufgehalten hatten. Zum Glück waren im Erdgeschoss die Fenster nicht vergittert. Wir kletterten durch das erste Fenster in den Vorraum und durch das zweite auf die Straße.

Der Weg führte über ruhige Nebenstraßen und Pisten erst mal bis in die Nähe des Klosters Mad. Sorbo, davor auf schmalem Pfad hinab zu einem Bach und dann wieder hinauf bis vor das Kloster. Dort stand ein mit Blumen geschmücktes Kreuz und davor saß erwartungsvoll eine Vielzahl von Katzen. Ich habe mir den Spaß gemacht, sie mit etwas Brot zu füttern. Sie sind das wohl gewohnt. Nach einer breiten Piste durch eine riesige Viehweide kamen wir am Ort Fornello vorbei, der sich als Streusiedlung von Landhäusern weit ausdehnt. Dort sahen wir auch einen Mann im Olivenbaum sitzen und die Oliven mit einem großen Kamm von den Zweigen streifen. Unten fielen sie dann in ein ausgebreitetes Netz.

Danach sollten wir die SS2 bis queren, aber die Markierung war mal wieder so doof angebracht, dass wir erst mal zwei- oder dreihundert Meter falsch liefen, bis ich misstrauisch wurde. Wir haben uns wieder durchgefragt und sind nach der Cassia eine Alternative gegangen, die brauchbar markiert war. Auf dieser Strecke mussten wir dann einen Bach durchqueren, der so viel Wasser führte, dass wir Schuhe und Strümpfe ausziehen und die Hosenbeine hochkrempeln mussten. Nun begann es auch noch zu regnen und ich wusste nun, dass ich meinen Stockschirm nicht ganz umsonst dabei hatte.

Wieder an der SS Cassia gingen wir erst mal in eine Bar, um einen Kaffee bzw. einen Cappuccino zu trinken und uns zu orientieren, nachzufragen, wo sich die Quartiere befanden, deren Adressen wir hatten. Ein Mann am Nachbartisch gab uns freundlich und präzis Auskunft. Aber als wir nach einem Kilometer dort waren, war bei den Suore alles completo. Die Schwester sprach mit uns durch das geschlossene Hoftor aus Stahlblech. Wir bekamen sie nicht mal zu sehen. Wir zogen weiter, immer an der tosenden und spritzenden SS Cassia entlang, fragten uns zur Via Trionfale durch und mussten feststellen, dass diese

Straße um die 20 000 Hausnummern hat und wir zur Nummer 12 840 mussten.

Stadteingang vom Rom bei La Storta an der SS Cassia

Aber wir haben es geschafft, waren kurz nach 17.oo Uhr da, wurden freundlich aufgenommen, bekamen ein schönes Zimmer, durften unser Abendbrot, das wir noch im Rucksack mitgebracht hatten, im Speisesaal vor laufendem Fernseher verzehren. Als ich nach einem Glas Wein fragte, bekam ich eine ganze Fasche geschenkt. Nun werden wir wohl morgen die ganze Trionfale entlang bis zum Petersplatz gehen, von Nummer 12 840 bis zur Nummer eins.

Übel ist, dass ich seit zwei Tagen Schmerzen im linken Fußgelenk habe. Es könnte eine beginnende Sehnenscheidenentzündung sein. Vermutlich sind die beinharten Pisten und der viele Asphalt der letzten Tage daran schuld. Ich habe als Begleiterin ja eine approbierte Apothekerin, die genügend Salbe dabei hat. Damit creme ich das Fußgelenk mehrmals täglich ein. Gestern habe ich zusätzlich eine Schmerztablette geschluckt. Heute ging's auch ohne.

Freitag, 26. Oktober 2007, Rom

Punkt 11.00 Uhr waren wir am Petersplatz. Wir sind die ganze Via Trionfale zu ende gegangen. Allerdings fehlten zwischendurch mal 4000 Hausnummern oder auch einige mehr. Aber uns war's recht so. Es war ohnehin sehr, sehr lang. Zum Glück gab's die meiste Zeit Gehwege, allerdings oft sehr schmal und zugeparkt. Aber das war besser als nichts. Vom Monte Mario, der auch Mons Gaudi, also „Berg der Freude“ heißt, sahen wir tatsächlich erstmals den Petersdom. Leider war dieser Aussichtspunkt ein arger Müllplatz.

Blick auf den Petersdom vom Monte Mario aus, der auch Mons Gaudi, Berg der Freude heißt

Vor dem Vatikan trafen wir auf eine lange Menschenschlange. Alles Leute, die möglichst schnell in die Vatikan-Museen wollten. Und vor dem Petersdom bot sich uns das gleiche Bild. Wir liefen einfach daran vorbei und suchten und fanden das deutschsprachige Pilgerbüro in der Vertretung der deutschen Bischofskonferenz. Das ist ein stattliches, schönes Gebäude mit prächtigem Innenhof. Dort bekamen wir unseren Stempel in den Pilgerpass, Eintrittskarten zur Messe am Sonntag auf dem Petersplatz und zu einem Konzert des Symphonieorchesters des Bayrischen Rundfunks mit Chor und Solisten, die am Samstag

Beethovens Neunte zu Ehren des Papstes und seines 80. Geburtstages aufführen. Das passt gut zu meinem 70. Geburtstag.

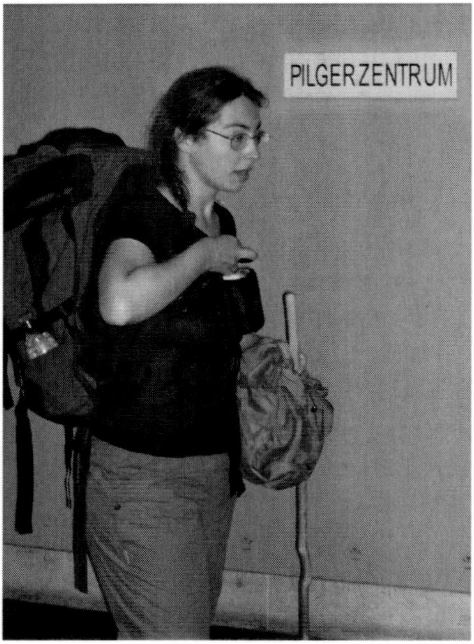

Vor dem deutschsprachigen Pilgerbüro unweit vom Petersplatz

Die Audienz, erfuhren wir, wird erst am Mittwoch stattfinden mit 20 000 bis 50 000 Menschen. Seitdem überlegen wir, ob wir da wirklich bleiben wollen. Wir haben dann noch einen ersten Stadtrundgang ohne Rucksäcke gemacht, die wir bis 17.00 Uhr im Pilgerbüro lassen durften. Wir waren am Tiber, am Castel d'Angelo, am Collosseum, am Forum Romanum, später noch am Trevi-Brunnen und, nachdem wir die Rucksäcke wieder geholt hatten, an der spanischen Treppe. Gisela ging mit dem Stadtplan voraus und suchte den Weg zu Heide. Das letzte Stück haben wir dann doch noch mit der Metro gemacht. Wir standen noch keine Minute vor der richtigen Haustür, als Heide kam. Das war wieder eine Punktlandung. Nun haben wir schon zusammen gegessen und viel gegenseitig erzählt. Morgen gehen wir in den Petersdom, um die Urkunde abzuholen.

Petersdom und Petersplatz

Samstag, 27. Oktober 2007, Rom

Mein 70. Geburtstag begann mit einem Frühstück mit Gisela, Heide und Benedetto und endete mit einem fantastisch guten Essen mit den gleichen Leuten in einem Restaurant gerade um die Ecke von Heides Wohnung. Dazwischen lag ein langer Tag. Erst mal rief Maria an, um mir zu gratulieren. Dann zogen Gisela und ich los, um die Konzertkarten für abends im Pilgerbüro abzuholen. Im Dom war eine Messe in deutscher Sprache mit Kardinal Wetter und all den deutschen, meist bayerischen Gästen, die mit dem bayerischen Pilgerbüro oder mit dem Bayrischen Rundfunk angereist waren. Wir aber gingen in die Sakristei und fragten nach Don Bruno, um die Urkunde abzuholen. Er war nicht da. Wir gingen in die Messe, waren aber höchst unzufrieden mit dem, was gesagt wurde. Die katholische Kirche hier lässt keinen Raum neben sich für andere Bekenntnisse. Dann gingen wir noch mal zur Sakristei. Don Bruno war immer noch nicht da. Also zurück zum Pilgerbüro. Dort machte man Kopien unserer

Pilgerpässe und schrieb eine Empfehlung dazu. Die Papiere brachten wir wieder in die Sakristei, mussten dafür aber 40 Minuten in der Schlange stehen und nochmals durch die Sicherheitskontrollen. So kann man auch seine Zeit verbringen. Nun hoffen wir, dass Don Bruno uns die Urkunden nach Hause schickt.

Ja, und dann stellten wir uns in die Schlange vor den Vatikan-Museen, zahlten 13.-- € Eintritt und gingen durch unzählige Säle mit Bildern und Skulpturen, bemalten Wänden und Decken, gelangten schließlich in die Sixtinische Kapelle und sahen die berühmten Fresken von Michelangelo. Mir war zum Schluss ganz schwindlig vom Sehen und die Augen waren satt. Wir gingen erst mal ein Touristenmenu essen und wurden beim Bierpreis richtig geneppt: 7.-- € für 0,4 Liter!

Ganz weit weg in der riesigen Aula: Papst Benedict XVI

Und dann kam der erste Höhepunkt des Tages. Das Konzert mit Beethovens Neunter in der Audienz-Aula Paul VI. Die anderen Gäste waren alle schick angezogen und wir fielen mit unseren Pilgerklamotten ziemlich auf. Gisela wurde sogar angemacht, weil wir die nicht vorhandene Kleiderordnung nicht einhielten. Wenn ich das gehört hätte, hätte ich denen einfach gesagt, dass ich keinen schwarzen Anzug im Rucksack zu Fuß über 1500 Kilometer nach Rom tragen wollte. Gisela war vor Ärger fast der Abend verdorben. Aber das Konzert hat alles gerettet, der Papst war dabei, hat eine Schlussansprache gehalten und wir haben nun auch den päpstlichen Segen.

Schlimm und peinlich war, dass bei dem Konzert, das übertragen wurde, einige dieser Almdudler, die zwar feine Klamotten anhatten, aber wohl noch nie in einem klassischen Konzert gewesen waren, bei jeder kurzen Pause zwischen den Sätzen und sogar mal mitten im Satz zu klatschen anfingen.

Aber wir waren danach trotzdem bester Laune, sangen auf dem Weg zur U-Bahn „Freude, schöner Götterfunke…" und fuhren mit der Metro zu Heide und Benedetto und gingen zusammen essen. Daraus wurde dann der zweite Höhepunkt und der Abschluss des Tages. Im Restaurant „Braci e Ambracci" bekamen wir trotz Reservierung nicht sofort einen Tisch, mussten aufs Wartebänkchen und wurden mit einem Glas Sekt getröstet. Vor uns gab es eine Fleischtheke und dahinter einen offenen Kamin mit großem Grill, an dem der Metzger die zugerichteten Stücke gleich briet.

Am großen Grillkamin des Restaurants „Braci & Ambraci"

Das Zuschauen machte das Warten abwechslungsreich. Da wir spät gekommen waren, gehörten wir nach einem wirklich guten Essen, zu dem ich einen halben Liter Weißwein hatte, auch fast zu den letzten Gästen, die gingen, müde nach einem erfüllten Tag.

Sonntag, 28. Oktober 2007, Rom

Nun habe ich auch so etwas einmal erlebt. Die Messe, zu der wir Eintrittskarten (!) erhalten hatten, war eine Seligsprechung von 498 spanischen Märtyrern des 20. Jahrhunderts. Der Petersplatz füllte sich schon mit großen Gruppen von Spaniern, die ihre Nationalflagge schwenkten, als wir ankamen. Wir waren beizeiten dort und fanden Plätze mitten unter den Spaniern in einem der ersten Blöcke. Trotzdem waren wir so weit von dem Altar unter dem Baldachin weg, dass es unmöglich war, Gesichter zu erkennen. Zum Glück gab es Großbildwände des Vatikan-Fernsehens.

Spanische Schülerinnen mit dem Bild eines der Märtyrer

Vor uns hatten wir wohl die Mädchen einer Klosterschule, alle in Schuluniform und mit rot-gelb-roten Halstüchern, Fahnen und großen Bildern der Märtyrer von Toledo. Nach den Jahreszahlen der Todesjahre waren es alles Opfer des Bürgerkrieges: 1934, 1936, 1937. Mit dabei waren Nonnen, die den Mädchen über ein Megaphon Parolen vorsprachen, die sie dann skandierten: „Viva Espania“, „Die Jugend ist die Zukunft des Papstes“ usw. Die Messe las ein Kardinal. Die Liturgie war größtenteils lateinisch.

Der Kardinal, der die Messe zelebrierte, war für uns nur auf der Großbildwand gut zu sehen

Nach der Messe begann ein besonderes Schauspiel. Die Menge rief nach dem Papst. Niemand ging vom Platz. Es dauerte fast eine halbe Stunde, bis an einem Fenster im obersten Stockwerk des Vatikans ein Antipendium ausgehängt wurde. Nach einer weiteren Viertelstunde erschien der Papst unter dem frenetischen Jubel der Leute am Fenster. Wir selbst mussten ein langes Band mit den spanischen Farben über unsere Köpfe halten (wir hätten es sonst direkt vor den Augen gehabt). Der Papst sprach Grußworte in spanisch, italienisch, englisch, französisch, deutsch und slowakisch und erteilte dann der ganzen riesigen Menge den Segen.

Vom Fenster des Vatikans aus erteilte der Papst uns seinen Segen

Mir war das alles nicht ganz geheuer, vor allem der Personenkult. Ich muss da noch länger drüber nachdenken.

Wir gingen danach den Tiber entlang abwärts. Gisela wollte zur "Bocca de la Veritá". Und dann passierte wieder eine Begegnung, die mir ob ihrer Unwahrscheinlichkeit eine Gänsehaut machte. Wir hatten am Freitag früh in „San Gabriele" am Tisch mit einem kanadischen Paar gefrühstückt. Und heute kam uns genau dieses Paar auf unserem Weg am Tiber winkend entgegen. Da kennen wir außer Heide in Rom keinen Menschen, haben die beiden nur kurz gesehen und treffen sie in dieser Millionenstadt unter zehntausenden von Touristen einfach auf der Straße. „Die Welt ist klein", meinten die beiden. So ist es! Wir trafen uns noch mit Heide, aßen zusammen in der Nähe des Collosseums, bummelten erst mit ihr, dann noch alleine, gingen zum Hauptbahnhof Termini und kauften die Fahrkarten nach Assisi für morgen früh. Die Rückreise hat begonnen!

Dienstag, 30. Oktober, im Zug Bologna – München

Wir sind gestern früh nicht nach Termini gegangen, sondern zum näheren Bahnhof Tiburina. Wir haben an einer Bar gefrühstückt und sind danach auf das angezeigte Gleis 12 gegangen. Fünf Minuten vor Abfahrt wurden wir per Ansage auf Gleis 6 umdirigiert. Dort fuhr dann auch ein Zug ein, der aber außerhalb des Bahnsteigs hielt. Darauf kam die Ansage, dass unser Zug doch auf Gleis 12 komme. Alle rannten los – das reine Chaos. Aber wir kamen nach Assisi. Auf der Straße oder zu Fuß wäre die Strecke durch die Abruzzen sicher interessant gewesen. Der Zug fuhr jedoch durch endlos viele Tunnels. Zwischendurch gab es aber doch einige schöne Ausblicke.

Und Assisi hat mich dann auch für alles das entschädigt, was mir an Rom problematisch war: Ein schönes Bergstädtchen mit wunderschönen romanischen Kirchen. Wir waren in San Pietro (rein romanisch und schlicht), in San Francesco, Santa Chiara (Klara) und ganz am Schluss in San Damiano. Gerade in dieser kleinen Kapelle kann man noch etwas vom Armutsideal des Franziskus erahnen, das er nach Jesu Botschaft gelebt hat und mit dem er der reichen und mächtigen Kirche seiner Zeit auf den Nerv ging - und eigentlich heute noch gehen müsste! Wäre die Kirche zur Zeit des Franziskus seinen Idealen gefolgt, ich glaube, Martin Luther wäre nicht auf die Idee gekommen, die Kirche müsste reformiert werden.

Die Kirche San Francesco in deren Krypta die Gebeine des Franziskus ruhen

Wir wollten unsere gemeinsame Zeit mit einem Restaurant-Menu abschließen. Darauf mussten wir lange warten. Alle guten Restaurants, die ein preiswertes Menu anboten, öffneten erst nach 19.30 Uhr. Aber dann war's doch noch gut. Wir gingen zufrieden zum Ostello, bekamen zu zweit ein Acht-Bett-Zimmer und haben wegen des Lärms im Nachbarzimmer schlecht und kurz geschlafen. Vor fünf Uhr waren wir auf dem Weg zum Bahnhof. Gisela fuhr zu den Städten, wo sie noch viel Kunst genießen will – Florenz, Pisa, Pietrasanta – und ich fahre im Regen mit einem verspäteten Zug Richtung München.

Ich packe meinen Rucksack….

Was den Pilger-Rucksack erträglich macht – im wahrsten Sinne des Wortes – ist das, was nicht drin ist!

Man kann es auch mit einem alten Pilgerlied aus dem evangelischen Gesangbuch (EG 393,4) sagen:

Man muss wie Pilger wandeln,
frei, bloß und wahrlich leer;
viel sammeln, halten, handeln
macht unsern Gang nur schwer.
Wer will, der trag sich tot;
Wir reisen abgeschieden,
mit wenigem zufrieden;
wir brauchen's nur zur Not.

Der Rucksack

soll schmal und hoch sein und von mittlerer Größe (45 Liter sollten reichen). Die Versuchung, unnötiges Zeug mitzuschleppen, steigt mit dem Fassungsvermögen des Rucksacks!

* Außen sollte nichts baumeln.

* Regenüberzug für den Rucksack – notfalls tut es auch eine aufgeschlitzte Plastiktüte und ein Stück Schnur.

* Alles im Rucksack sollte in verschieden große Gefrierbeutel mit einem Zippverschluss verpackt werden. Das hilft Ordnung halten und schützt gegen Nässe und Schmutz auch beim Umpacken (ich glaube nicht, dass es wirklich wasserdichte Rucksäcke gibt – ich beschrifte die Beutel auch, damit immer wieder das Gleiche rein kommt).

* Schlafsack – es reicht ein sog. „One-kilo-bag“. Ich bevorzuge neuerdings einen Fleece-Schlafsack mit einem Seiden-Inlet. Ein Juhe-Schlafsack als Innenfutter tut’s auch, ist aber schwerer und umfangreicher und weniger warm als Seide.

* Selbstaufblasende Isomatte - ca. 750 Gramm

* Vielleicht auch ein aufblasbares Kissen. Für die Kissen, die man in Herbergen vorfindet, hatte ich meinen eigenen Überzug in Form eines Schlauches aus leichtem Stoff dabei (Format 40 x 100 cm), der auch als Halstuch dienen kann.

* eine Garnitur Unterwäsche – sog. Funktionswäsche oder aus Seide, denn beides ist leicht, Platz sparend und trocknet schnell - man muss eben oft waschen.

* zwei Paar Wandersocken mit verstärkter Sohle

* Leggins aus Seide (brauchen wenig Platz, dienen als Teil des Schlafanzugs und lange Unterwäsche in kalten Zeiten)

* Rollkragenhemd mit langen Ärmeln aus Seide (s.o. auch als Zweithemd, wenn das erste auf der Leine hängt)

* Leichter Woll- oder Fleece-Pullover

* Mini-Waschzeug – nicht im Waschbeutel, weil zu schwer, sondern in einem Gefrierbeutel: Zahnbürste, Ajona-Zahncreme (klein und ergiebig), Waschhandschuh, kleine Seife (Hotelseife), kleine Tube Shampoo, kleine Fingerbürste, 1 kleines und 1 großes Handtuch (empfehle Tücher aus Funktionsmaterial, da sie extrem leicht und Platz sparend sind – Frottee-Tücher füllen den halben Rucksack!)

* Verbandszeug mit Hansaplast, Leukoplast, Sepso-Spray, Binden, Schmerztabletten, persönliche Medikamente. Auch im Gefrierbeutel.

* Als Wasserflaschen empfehle ich 2-3 Halbliter-Getränkeflaschen aus superleichtem PET, die man unterwegs auch jederzeit ersetzen kann. Man kann dann auch mal nur einen halben Liter tragen, wenn die Durststrecken nicht groß sind.

* Ganz wichtig: Ein Päckchen Sicherheitsnadeln, um die Wäsche auf der Leine oder am Rucksack anheften zu können – Mit Klammern verliert man zu leicht was.

* Noch wichtiger: Ein Päckchen Oropax, um die Ohren vor den Schnarchern in den Herbergen verschließen zu können.

* Wer Lederstiefel trägt (s.u.), braucht auch eine Tube Lederfett, eine Fingerbürste und einen Lappen für die Pflege des Leders.

* Rechteckige, flache Plastikdose für Brote etc.

* Aluminiumbeschichtete Rettungsfolie als Unterlage für Isomatte und Schlafsack.

* Kleines Reparaturset mit Nadel, Faden, Ledernadel, Zwirn, Knöpfen, Klebstoff (passt in eine Filmdose)

* Landkarten für etwa eine Woche – danach wegwerfen oder nach Hause schicken und neue kaufen.

* Handlicher Wanderführer in einer Plastiktüte (muss in die Pattentasche der Wanderhose passen – größere taugen nur fürs Handschuhfach im Auto.)

* Schreibzeug und Heft – z.B. als Tagebuch

* Plastikbesteck, Plastikbecher, Berghaferl , damit man z.B. sein Müsli anrühren kann, das morgens die Kraft für den Tag gibt und abends manchmal zur Notverpflegung werden kann, wenn es am Ort der Herberge nichts zu kaufen gibt.

Für Fernpilger, die monatelang unterwegs sind:

* Schreibzeug und Heft – z.B. als Tagebuch

* Wer entweder im Freien oder in den Herbergen auch mal kochen will, sollte eine Halbliter-Schale aus Edelstahl und einen Esbitkocher samt Brennwürfeln dabei haben. Der Kocher ist winzig, leicht und effektiv. Im Sportgeschäft nachfragen! (Manchmal gibt es Herbergen mit Küche aber ohne Geschirr.)

* Und nun den Rucksack wiegen. Zeigt die Waage mehr als 10 kg, überlegen, was zuhause bleiben kann.

Und am Körper?

* Das Wichtigste ist gutes Schuhwerk. Dafür gibt es nur individuelle Empfehlungen. Ich habe Leute in Turnschuhen, Sandalen oder Badelatschen erfolgreich den Camino bewältigen sehen. Selber trug ich sehr bequeme Wanderstiefel (keine Bergschuhe) aus Leder von BÄR, die breit gebaut sind und einen die Knöchel schonenden Schaft haben und war damit sehr zufrieden.

* Socken und Wäsche (s.o.)

* Langärmliges Hemd mit Knopfleiste weil das sehr anpassungsfähig ist. (Man kann Ärmel hoch und runter rollen, braucht kein zweites kurzärmliges, kann es öffnen, ehe man schwitzt).

* Leichte Zipphose, möglichst mit zwei Quer-Reißverschlüssen, denn dann spart man die Mitnahme einer kurzen Hose.

* Leichter, wirklich wasserdichter Anorak (nicht nur wasserabweisend) aus beschichtetem Gewebe und mit verklebten Nähten

* Breitrandiger Hut (je nach Jahreszeit aus Filz oder wasserdichtem Tuch oder aus Stroh).

In den Taschen:

* Taschenmesser mit kleiner Schere und Korkenzieher, Feuerzeug, kleiner Kamm, Kompass, Landkarte und Pilgerführer (in durchsichtigen Beuteln, damit man sie auch bei Regen lesen kann), Papiertaschentücher oder –servietten, Trillerpfeife als Notsignal.

In der Hand:

* Ein Pilgerstab (zünftig ist ein Stecken aus Holz, der etwas länger ist, als der Mensch groß), aber Teleskopstöcke tun's auch, sind aber nicht so wirksam, wenn man in einen Streit mit frei laufenden Hofhunden verwickelt wird.

Der Regenschutz

* ist auch umstritten. Anorak und Hut wurden schon genannt. Ich versuchte es auch mit einem Poncho. Aber darunter kann man so schwitzen, dass man gleich im Regen gehen könnte. Neuerdings benutze ich einen breiten Stockschirm, der mir auch den Pilgerstab ersetzt.

Mobiltelefon?

* Ja, für Notrufe und gelegentliche Kontakte nach Hause; wer dauernd online ist, verzichtet auf die wunderbare emotionale Freiheit vom Alltag.

Ganz wichtig

* ist der Pilgerpass als Ausweis für die Herbergen (gilt in Frankreich, Spanien und Italien auch für die Jugendherbergen) und als Nachweis für die bewältigte Strecke durch möglichst viele Stempel. Man bekommt ihn für die Jakobswege z.B. bei:

  Deutsche St. Jakobusgesellschaft,
  Tempelhofer Str. 21, 52068 Aachen,
  Telefon 0241/4790-127, Fax 0241/4790-222

  oder:

  Fränkische St. Jakobusgesellschaft e.V.
  c/o. Ferdinand Seehars,
  Friedrich-Wencker-Str. 3, D-97215 Uffenheim,
  Telefon 09842-71176, Fax 09842-936693,
  E-Mail: Ferdinand.Seehars@t-online.de
  (Bitte Gebühren erfragen)

  und für die Via Francigena bei:

  Association Via Francigena
  Mme. V. Brouillard,
  14 rue Pierre Joly, F-95100 Argenteuil,
  Tel. / Fax (0033) 08 73 35 65 98